THÉATRE
DE
ALFRED DE MUSSET

THÉATRE
DE
ALFRED DE MUSSET

AVEC UNE INTRODUCTION

PAR

JULES LEMAITRE

DESSINS DE CHARLES DELORT

GRAVÉS PAR BOILVIN

TOME TROISIÈME

PARIS

LIBRAIRIE DES BIBLIOPHILES

Rue de Lille, 7

—

M DCCC XC

BARBERINE

COMÉDIE EN TROIS ACTES

1835

PERSONNAGES

BÉATRIX D'ARAGON, reine de Hongrie.
LE COMTE ULRIC, gentilhomme bohémien.
ASTOLPHE DE ROSEMBERG, jeune baron hongrois.
LE CHEVALIER ULADISLAS, chevalier de fortune.
POLACCO, marchand ambulant.
BARBERINE, femme d'Ulric.
KALÉKAIRI, jeune suivante turque.
Courtisans, etc.

La scène est en Hongrie.

BARBERINE
(Acte III, Scène IX)

BARBERINE

ACTE PREMIER

Une route devant une hôtellerie. Un château gothique au fond, dans les montagnes.

SCÈNE PREMIÈRE

ROSEMBERG, L'HOTELIER.

ROSEMBERG.
Comment! point de logis pour moi! point d'écurie pour mes chevaux! une grange! une misérable grange!

L'HOTELIER.
J'en suis bien désolé, Monsieur.

ROSEMBERG.
A qui parles-tu, par hasard?

L'HOTELIER.

Excusez-moi, mon beau jeune seigneur. Si cela ne dépendait que de ma volonté, toute ma pauvre maison serait bien à votre service; — mais vous n'ignorez pas que cette hôtellerie est sur la route d'Albe-Royale, l'auguste séjour de nos rois, où depuis un temps immémorial on les couronne et on les enterre.

ROSEMBERG.

Je le sais bien, puisque j'y vais !

L'HOTELIER.

Bonté du Ciel ! vous allez faire la guerre?

ROSEMBERG.

Adresse tes questions à mes palefreniers, et songe à me donner tout d'abord la meilleure chambre de ton vilain taudis.

L'HOTELIER.

Hé ! Monseigneur, c'est impossible ! il y a au premier quatre barons moraves, au second une dame de la Transylvanie, et au troisième, dans une petite chambre, un comte bohémien, Monseigneur, avec sa femme, qui est bien jolie.

ROSEMBERG.

Mets-les à la porte.

L'HOTELIER.

Ah ! mon cher seigneur, vous ne voudriez pas être la cause de la ruine d'un pauvre homme. Depuis que nous sommes en guerre avec les Turcs, si vous saviez le monde qui passe par ici !

ROSEMBERG.

Eh! que m'importent ces gens-là? dis-leur que je me nomme Astolphe de Rosemberg.

L'HOTELIER.

Cela se peut bien, Monseigneur, mais ce n'est pas une raison...

ROSEMBERG.

Tu fais l'insolent, je suppose. Si je lève une fois ma cravache...

L'HOTELIER.

Ce n'est pas l'action d'un gentilhomme de maltraiter les honnêtes gens.

ROSEMBERG, le menaçant.

Ah! tu raisonnes?... Je t'apprendrai...

SCÈNE II

LES MÊMES. Quelques valets accourent.
LE CHEVALIER ULADISLAS sort de l'hôtellerie.

LE CHEVALIER, sur le pas de la porte.

Qu'est-ce, Messieurs? Qu'y a-t-il donc?

L'HOTELIER.

Je vous prends à témoin, Monsieur le chevalier. Ce jeune seigneur me cherche querelle parce que mon hôtellerie est pleine.

ROSEMBERG.

Je te cherche querelle, manant! Querelle... à un homme de ton espèce?

L'HOTELIER.

Un homme, Monsieur, de quelque espèce qu'il soit, a toujours une espèce de dos, et si on vient lui administrer une espèce de coup de bâton...

LE CHEVALIER, s'avançant, à l'hôtelier.

Ne te fâche pas, ne t'effraye pas ; je vais accommoder les choses.

A Rosemberg.

Seigneur, je vous salue. Vous allez à la cour du roi de Hongrie?

L'hôtelier et les valets se retirent.

ROSEMBERG.

Oui, Chevalier, c'est mon début, et je suis fort pressé d'arriver.

LE CHEVALIER.

Et vous vous plaignez, à ce que je vois, de trouver la route encombrée.

ROSEMBERG.

Mais oui, cela ne m'amuse pas.

LE CHEVALIER.

Il est vrai que cette petite affaire que nous avons avec les mécréants nous attire à la cour un fort gros flot de monde. Il est peu de gens de cœur qui ne veuillent s'en mêler, et moi-même j'y ai pris part. C'est ce qui rend nos abords difficiles.

ROSEMBERG.

Oh! mon Dieu! je ne comptais pas rester longtemps dans cette masure. C'est le ton de ce drôle qui m'a irrité.

LE CHEVALIER.

S'il en est ainsi, Seigneur...

ROSEMBERG.

Rosemberg.

LE CHEVALIER.

Seigneur Rosemberg, on me nomme le chevalier Uladislas. Il ne m'appartient pas de faire mon propre éloge, mais, pour peu que vous soyez instruit de ce qui se fait dans nos armées, mon nom doit vous être connu. Le vôtre ne m'est pas nouveau. J'ai vu des Rosemberg à Baden.

Rosemberg salue.

Si donc vous n'êtes ici qu'en passant...

ROSEMBERG.

Oui, seulement pour déjeuner et faire rafraîchir les chevaux.

LE CHEVALIER.

J'étais à table, et je mangeais un excellent poisson du lac Balaton, lorsque le bruit de votre voix est venu frapper mes oreilles. Si le voisinage de mes hommes d'armes et la compagnie d'un vieux capitaine ne sont pas choses qui vous épouvantent, je vous offre de grand cœur une place à notre repas.

ROSEMBERG.

J'accepte votre offre avec empressement, et je la tiens à grand honneur.

LE CHEVALIER.

Veuillez donc entrer, je vous prie. Un bon plat cuit à point est comme une jolie femme; cela n'attend pas.

ROSEMBERG.

Je le sais bien. Peste! à propos de jolie femme... (Ulric et Barberine entrent par une autre porte de l'auberge) il me semble qu'en voilà une...

LE CHEVALIER.

Vous n'avez pas mauvais goût, jeune homme.

ROSEMBERG.

A moins d'être aveugle... La connaissez-vous?

LE CHEVALIER.

Si je la connais? Assurément. C'est la femme d'un gentilhomme bohémien. Venez, venez, je vous conterai cela.

Ils entrent dans la maison.

SCÈNE III

ULRIC, BARBERINE, appuyée sur son bras.

BARBERINE.

Il faut donc vous quitter ici!

ULRIC.

Pour peu de temps : je reviendrai bientôt.

BARBERINE.

Il faut donc vous laisser partir, et retourner dans ce vieux château, où je suis si seule à vous attendre!

ULRIC.

Je vais voir votre oncle, ma chère. Pourquoi cette tristesse aujourd'hui?

BARBERINE.

C'est à vous qu'il faut le demander. Vous reviendrez bientôt, dites-vous? S'il en est ainsi, je ne suis pas triste. Mais ne l'êtes-vous pas vous-même?

ULRIC.

Quand le ciel est ainsi chargé de pluie et de brouillard, je ne sais que devenir.

BARBERINE.

Mon cher seigneur, je vous demande une grâce.

ULRIC.

Quel hiver! quel hiver s'apprête! quels chemins! quel temps! La nature se resserre en frissonnant, comme si tout ce qui vit allait mourir.

BARBERINE.

Je vous prie d'abord de m'écouter, et, en second lieu, de me faire une grâce.

ULRIC.

Que veux-tu, mon âme? Pardonne-moi; je ne sais ce que j'ai aujourd'hui.

BARBERINE.

Ni moi non plus, je ne sais ce que tu as, et la grâce que vous me ferez, Ulric, c'est de le dire à votre femme.

ULRIC.

Eh! mon Dieu! non, je n'ai rien à te dire, aucun secret.

BARBERINE.

Je ne suis pas une Porcia; je ne me ferai pas une piqûre d'épingle pour prouver que je suis courageuse. Mais tu n'es pas non plus un Brutus, et tu n'as pas envie de tuer notre bon roi Mathias Corvin. Écoute, il n'y aura pas pour cela de grandes paroles, ni de serments, ni même besoin de me mettre à genoux. Tu as du chagrin. Viens près de moi; voici ma main, — c'est le vrai chemin de mon cœur, et le tien y viendra si je l'appelle.

ULRIC.

Comme tu me le demandes naïvement, je te répondrai de même. Ton père n'était pas riche; le mien l'était, mais il a dissipé ses biens. Nous voilà tous deux, mariés bien jeunes, et nous possédons de grands titres, mais bien peu avec. Je me chagrine de n'avoir pas de quoi te rendre heureuse et riche, comme Dieu t'a rendue bonne et belle. Notre revenu est si médiocre! et cependant je ne veux pas l'augmenter en laissant pâtir nos fermiers. Ils ne payeront jamais, de mon vivant, plus qu'ils ne payaient à mon père. Je pense à me mettre au service du roi, et à aller à la cour.

BARBERINE.

C'est en effet un bon parti à prendre. Le roi n'a jamais mal reçu un gentilhomme de mérite; la fortune ne se fait point attendre de lui quand on te ressemble.

ULRIC.

C'est vrai; mais, si je pars, il faut que je te laisse ici, car, pour quitter cette maison où nous vivons à si grand'peine, il faut être sûr de pouvoir vivre ailleurs, et je ne puis me décider à te laisser seule.

BARBERINE.

Pourquoi?

ULRIC.

Tu me demandes pourquoi? et que fais-tu donc maintenant? ne viens-tu pas de m'arracher un secret que j'avais résolu de te cacher? Et que t'a-t-il fallu pour cela? Un sourire.

BARBERINE.

Tu es jaloux?

ULRIC.

Non, mon amour, mais vous êtes belle. Que feras-tu si je m'en vais? Tous les seigneurs des environs ne vont-ils pas rôder par les chemins? Et moi, qui m'en irai si loin courir après une ombre, ne perdrai-je pas le sommeil? Ah! Barberine, loin des yeux, loin du cœur.

BARBERINE.

Écoute : Dieu m'est témoin que je me contenterais toute ma vie de ce vieux château et du peu de terre que nous avons s'il te plaisait d'y vivre avec moi. Je me lève, je vais à l'office, à la basse-cour, je prépare ton repas, je t'accompagne à l'église, et je te lis une page, je couds une aiguillée, et je m'endors contente sur ton cœur.

ULRIC.

Ange que tu es!

BARBERINE.

Je suis un ange, mais un ange femme; c'est-à-dire que, si j'avais une paire de chevaux, nous irions avec à la messe. Je ne serais pas fâchée non plus que mon bonnet fût doré, que ma jupe fût moins courte, et que cela fît enrager les voisins. Je t'assure que rien ne nous rend légères, nous autres, comme une douzaine d'aunes de velours qui nous traînent derrière les pieds.

ULRIC.

Eh bien donc?

BARBERINE.

Eh bien donc! le roi Mathias ne peut manquer de te bien recevoir, ni toi de faire fortune à sa cour. Je te conseille d'y aller. Si je ne peux pas t'y suivre, — eh bien! comme je t'ai tendu tout à l'heure une main pour te demander le secret de ton cœur, ainsi, Ulric, je te la tends encore, et je te jure que je te serai fidèle.

ULRIC.

Voici la mienne.

BARBERINE.

Celui qui sait aimer peut seul savoir combien on l'aime. Fais seller ton cheval. Pars seul, et, toutes les fois que tu douteras de ta femme, pense que ta femme est assise à ta porte, qu'elle regarde la route, et qu'elle ne doute pas de toi. Viens, mon ami, Ludwig nous attend.

SCÈNE IV

LE CHEVALIER, ROSEMBERG.

ROSEMBERG.

Je ne connais rien de plus agréable, après qu'on a bien déjeuné, que de s'asseoir en plein air avec des personnes d'esprit, et de causer librement des femmes sur un ton convenable.

LE CHEVALIER.

Vous êtes recommandé à la reine?

ROSEMBERG.

Oui, j'espère être bien reçu.

Ils s'assoient.

LE CHEVALIER.

Ne doutez pas du succès, et vous en aurez. — Pendant la dernière guerre que nous fîmes contre les Turcs, sous le voïvode de Transylvanie, je rencontrai un soir, dans une forêt profonde, une jeune fille égarée.

ROSEMBERG.

Quel était le nom de la forêt?

LE CHEVALIER.

C'était une certaine forêt sur les bords de la mer Caspienne.

ROSEMBERG.

Je ne la connais pas, même par les livres.

LE CHEVALIER.

Cette pauvre fille était attaquée par trois brigands couverts de fer depuis les pieds jusqu'à la tête, et montés sur des chevaux excellents.

ROSEMBERG.

A quel point vos paroles m'intéressent! je suis tout oreilles.

LE CHEVALIER.

Je mis pied à terre, et, tirant mon épée, je leur ordonnai de s'éloigner. Permettez-moi de ne pas faire mon éloge; vous comprenez que je fus forcé de les tuer tous les trois. Après un combat des plus sanglants...

ROSEMBERG.

Reçûtes-vous quelques blessures?

LE CHEVALIER.

L'un d'eux seulement faillit me percer de sa lance; mais, l'ayant évitée, je lui déchargeai sur la tête un coup d'épée si violent qu'il tomba roide mort. M'approchant aussitôt de la jeune fille, je reconnus en elle une princesse qu'il m'est impossible de vous nommer.

ROSEMBERG.

Je comprends vos raisons, et me garderai bien d'insister. La discrétion est un principe pour tout homme qui sait son monde.

LE CHEVALIER.

De quelles faveurs elle m'honora, je ne vous le dirai pas davantage. Je la reconduisis chez elle, et elle m'accorda un rendez-vous pour le lendemain; mais, le roi son père l'ayant promise en mariage au pacha de Caramanie, il était fort difficile que nous pussions nous voir en secret. Indépendamment de soixante eunuques qui veillaient jour et nuit sur elle, on l'avait confiée, depuis son enfance, à un géant nommé Molock.

ROSEMBERG.

Garçon! apportez-moi un verre de tokay.

LE CHEVALIER.

Vous concevez quelle entreprise! Pénétrer dans un château inaccessible, construit sur un rocher battu par les flots, et entouré d'une pareille garde! Voici, Seigneur Rosemberg, ce que j'imaginai. Prêtez-moi, je vous prie, votre attention.

ROSEMBERG.

Sainte Vierge! le feu me monte à la tête!

LE CHEVALIER.

Je pris une barque et gagnai le large. Là, m'étant précipité dans les flots au moyen d'un talisman que m'avait donné un sorcier bohémien de mes amis, je fus rejeté sur le rivage, semblable en tout à un noyé. C'était à l'heure où le géant Molock faisait sa ronde autour des remparts; il me trouva étendu sur le sable, et me transporta dans son lit.

ROSEMBERG.

Je devine déjà; c'est admirable.

LE CHEVALIER.

On me prodigua des secours. Quant à moi, les yeux à demi fermés, je n'attendais que le moment où je serais seul avec le géant. Aussitôt, me jetant sur lui, je le saisis par la jambe droite, et le lançai dans la mer.

ROSEMBERG.

Je frissonne... Le cœur me bat.

LE CHEVALIER.

J'avoue que je courus quelque danger: car, au bruit de sa chute, les soixante eunuques accoururent, le sabre à la main; mais j'avais eu le temps de me rejeter sur le lit, et paraissais profondément endormi. Loin de concevoir aucun soupçon, ils me laissèrent dans la chambre avec une des femmes de la princesse pour me veiller. Alors, tirant de mon sein une fiole et un poignard, j'ordonnai à cette femme de me suivre, dans le temps que les eunuques étaient tous à souper. « Prenez ce breuvage, lui dis-je, et mêlez-le adroitement dans leur vin, sinon je vous poignarde tout à l'heure. » Elle m'obéit sans oser dire un mot, et, bientôt les eunuques s'étant assoupis par l'effet du breuvage, je demeurai maître du château. Je m'en fus droit à l'appartement des femmes. Je les trouvai prêtes à se mettre au lit ; mais, ne voulant leur faire aucun mal, je me contentai de les enfermer dans leurs chambres, et d'en prendre sur moi les clefs, qui étaient au nombre de six vingts. Alors, toutes les difficultés étant levées, je me rendis chez la princesse. A peine au seuil de sa porte, je mis un genou en terre. « Reine de mon cœur, lui dis-je avec le ton du plus profond respect... » Mais, pardonnez, Seigneur Rosemberg, je suis forcé de m'arrêter, la modestie m'en fait un devoir.

ROSEMBERG.

Non, je le vois, rien ne peut vous résister! Ah! qu'il me tarde d'être à la cour! Mais ces breuvages inconnus, ces mystérieux talismans, où les trouverai-je, Seigneur chevalier?

LE CHEVALIER.

Cela est difficile ; cependant je vous ferai une confidence : tenez, si vous avez de l'argent, c'est le meilleur talisman que vous puissiez trouver.

ROSEMBERG.

Dieu merci! je n'en manque pas; mon père est le plus riche seigneur du pays. La veille de mon départ, il m'a donné une bonne somme, et ma tante Béatrice, qui pleurait, m'a aussi glissé dans la main une jolie bourse qu'elle a brodée. Mes chevaux sont gras et bien nourris, mes valets bien vêtus, et je ne suis pas mal tourné.

LE CHEVALIER.

C'est à merveille, et il n'en faut pas davantage.

ROSEMBERG.

Le pire de l'affaire, c'est que je ne sais rien; non, je ne puis rien retenir par cœur. Les mains me tremblent à propos de tout quand je parle aux femmes.

LE CHEVALIER.

Videz donc votre verre. Pour réussir dans le monde, Seigneur Rosemberg, retenez bien ces trois maximes : Voir, c'est savoir; vouloir, c'est pouvoir; oser, c'est avoir.

ROSEMBERG.

Il faut que je prenne cela par écrit. Les mots me paraissent hardis et sonores. J'avoue pourtant que je ne les comprends pas bien.

LE CHEVALIER.

Si vous voulez d'abord plaire aux femmes, et c'est la première chose à faire lorsqu'on veut faire quelque chose, observez avec elles le plus profond respect. Traitez-les toutes (sans exception) ni plus ni moins que des divinités. Vous pouvez, il est vrai, si cela vous plaît, dire hautement aux autres hommes que de ces mêmes femmes vous n'en faites aucun cas, mais seulement d'une manière générale, et sans jamais médire d'une seule plutôt que du reste. Quand vous serez assis près d'une blonde pâle, sur le coin d'un sofa, et que vous la verrez s'appuyer mollement sur les coussins, tenez-vous à distance, jouez avec le coin de son écharpe, et dites-lui que vous avez un profond chagrin. Près d'une brune, si elle est vive et enjouée, prenez l'apparence d'un homme résolu, parlez-lui à l'oreille, et, si le bout de votre moustache vient à lui effleurer la joue, ce n'est pas un grand mal; mais à toute femme, règle générale, dites qu'elle a dans le cœur une perle enchâssée, et que tous les maux ne sont rien si elle se laisse serrer le bout des doigts. Que toutes vos façons près d'elle ressemblent à ces valets polis qui sont couverts de livrées splendides; en un mot, distinguez toujours scrupuleusement ces deux parts de la vie, la forme et le fond : — voilà la grande affaire. Ainsi vous remplirez la première maxime : Voir, c'est savoir, — et vous passerez pour expérimenté.

ROSEMBERG.

Continuez, de grâce; je me sens tout autre, et je bénis en moi-même le hasard qui m'a fait vous rencontrer dans cette auberge.

LE CHEVALIER.

Quand une fois vous aurez bien prouvé aux femmes que vous vous moquez d'elles avec la plus grande politesse et un respect infini, attaquez les hommes. Je n'entends pas par là qu'il faille vous en prendre à eux; tout au contraire, n'ayez jamais l'air de vous occuper ni de ce qu'ils disent, ni de ce qu'ils font. Soyez toujours poli, mais paraissez indifférent. Faites-vous rare, on vous aimera, — c'est un proverbe des Turcs. Par là, vous gagnerez un grand avantage. A force de passer partout en silence et d'un air dégagé, on vous regardera quand vous passerez. Que votre mise, votre entourage, annoncent un luxe effréné; attirez constamment les yeux. Que cette idée ne vous vienne jamais de paraître douter de vous, car aussitôt tout le monde en doute. Eussiez-vous avancé par hasard la plus grande sottise du monde, n'en démordez pas pour un diable, et faites-vous plutôt assommer.

ROSEMBERG.

Assommer !

LE CHEVALIER.

Oui, sans aucun doute. Enfin, agissez-en ni plus ni moins que si le soleil et les étoiles vous appartenaient en bien propre, et que la fée Morgane vous eût tenu sur les fonts baptismaux. De cette façon vous remplirez la seconde maxime : Vouloir, c'est pouvoir, — et vous passerez pour redoutable.

ROSEMBERG.

Que je vais m'amuser à la cour, et la belle chose que d'être un grand seigneur !

LE CHEVALIER.

Une fois agréé des femmes et admiré des hommes, Seigneur Rosemberg, pensez à vous. Si vous levez le bras, que votre premier coup d'épée donne la mort, comme votre premier regard doit donner l'amour. La vie est une pantomime terrible, et le geste n'a rien à faire ni avec la pensée ni avec la parole. Si la parole vous a fait aimer, si la pensée vous a fait craindre, que le geste n'en sache rien. Soyez alors vous-même. Frappez comme la foudre! Que le monde disparaisse à vos yeux; que l'étincelle de vie que vous avez reçue de Dieu s'isole et devienne un Dieu elle-même; que votre volonté soit comme l'œil du lynx, comme le museau de la fouine, comme la flèche du guerrier. Oubliez, quand vous agissez, qu'il y ait d'autres êtres sur la terre que vous et celui à qui vous avez affaire. Ainsi, après avoir coudoyé avec grâce la foule qui vous environne, lorsque vous serez arrivé au but et que vous aurez réussi, vous pourrez y rentrer avec la même aisance et vous promettre de nouveaux succès. C'est alors que vous recueillerez les fruits de la troisième maxime : Oser, c'est avoir, — et que vous serez réellement expérimenté, redoutable et puissant.

ROSEMBERG.

Ah! Seigneur Dieu! si j'avais su cela plus tôt! Vous me faites penser à un certain soir que j'étais assis dans la garenne avec ma tante Béatrice. Je sentais justement ce que vous dites là ; il me semblait que le monde disparaissait, et que nous étions seuls sous le ciel. Aussi je l'ai priée de rentrer au château. Il faisait noir comme dans un four.

LE CHEVALIER.

Vous me paraissez bien jeune encore, et vous cherchez fortune de bonne heure.

ROSEMBERG.

Il n'est jamais trop tôt quand on se destine à la guerre. Je n'ai vu un Turc de ma vie ; il me semble qu'ils doivent ressembler à des bêtes sauvages.

LE CHEVALIER.

Je suis fâché que des affaires d'importance m'empêchent d'aller à la cour ; j'aurais été curieux d'y voir vos débuts. En attendant, si cela vous convient, je puis vous faire un cadeau précieux, qui vous aidera singulièrement.

Il tire un petit livre de sa poche.

ROSEMBERG.

Ce petit livre... qu'est-ce donc ?

LE CHEVALIER.

C'est un ouvrage merveilleux, un recueil à la fois concis et détaillé de toutes les historiettes d'amour, ruses, combats et expédients propres à former un jeune homme et à le pousser près des dames.

ROSEMBERG.

Comment s'appelle ce livre précieux ?

LE CHEVALIER.

La Sauvegarde du sentiment. C'est un trésor inestimable, et, parmi les récits qui y sont renfermés, vous en trouverez bon nombre dont je suis le héros. Je dois pourtant vous avouer que je n'en suis pas le propriétaire : il appartient à un de mes amis, et je ne saurais vous le céder que vous n'en donniez dix sequins.

ROSEMBERG.

Dix sequins, ce n'est pas une affaire (il les lui donne), surtout après l'excellent déjeuner que vous m'avez offert si galamment.

LE CHEVALIER.

Bon ! un poisson, rien qu'un poisson !

ROSEMBERG.

Mais il était délicieux ! Pouvez-vous croire que j'oublie cette rencontre ? C'est le Ciel qui m'a conduit sur cette route. Une auberge si incommode ! des draps humides et pas de rideaux ! Je n'y serais pas resté une heure si je ne vous avais trouvé.

LE CHEVALIER.

Que voulez-vous ? il faut s'habituer à tout.

ROSEMBERG.

Oh ! certainement. — Ma tante Béatrice serait bien inquiète si elle me savait dans une mauvaise auberge. Mais, nous autres, nous ne faisons pas attention à toutes ces misères... Que Dieu vous protège, cher seigneur ! Mes chevaux sont prêts, et je vous quitte.

LE CHEVALIER.

Au revoir, ne m'oubliez pas. Si vous avez jamais affaire au voïvode, c'est mon proche parent, et je me souviendrai de vous.

ROSEMBERG.

Je vous suis tout dévoué de même.

Ils sortent.

ACTE II

A la cour; un jardin.

SCÈNE PREMIÈRE

LA REINE, ULRIC, Plusieurs Courtisans.

LA REINE.

Soyez le bienvenu, Comte Ulric. Le roi notre époux est retenu en ce moment loin de nous par une guerre bien longue et bien cruelle, qui a coûté à notre jeunesse une riche part de son noble sang. C'est un triste plaisir que de la voir ainsi toujours prête à le répandre encore, mais cependant c'est un plaisir, et en même temps une gloire pour nous. Les rejetons des premières familles de Bohême et de Hongrie, en se rassemblant autour du trône, nous ont rendu le cœur fier et belliqueux. Quel que soit le sort d'un guerrier, qui oserait le plaindre? Ce n'est pas nous qui sommes reine, ni moi, Ulric, qui fus une fille d'Aragon. J'ai beaucoup connu votre père, et votre jeune visage me parle du passé. Soyez donc ici comme le fils d'un souvenir qui m'est cher. Nous parlerons de vous ce soir avec le chancelier; ayez patience, c'est moi qui vous recommande à lui. Le roi vous recevra sous cet auspice. Puisque nos clairons vous ont réveillé dans votre château, et que du fond de votre solitude vous êtes venu trouver nos dangers, nous ne vous laisserons pas repentir d'avoir été brave et fidèle; en voici pour gage notre royale main.

La reine sort. Ulric lui baise la main, puis se retire à l'écart.

UN COURTISAN.

Voilà un homme mieux reçu, pour la première fois qu'il voit notre reine, que nous qui sommes ici depuis trente ans.

UN AUTRE.

Abordons-le, et sachons qui il est.

LE PREMIER.

Ne l'avez-vous pas entendu? C'est le comte Ulric, un gentilhomme bohémien. Il cherche fortune comme un nouveau marié qui veut avoir de quoi faire danser sa femme.

LE DEUXIÈME.

Dit-on que sa femme soit jolie?

LE PREMIER.

Charmante; c'est la perle de la Hongrie.

LE DEUXIÈME.

Quel est cet autre jeune homme qui court par là en sautillant?

LE PREMIER.

Je ne le connais pas. C'est encore quelque nouveau venu. La libéralité du roi attire ici toutes ces mouches, qui cherchent un rayon de soleil.

Entre Rosemberg.

LE DEUXIÈME.

Celui-ci me paraît fine mouche, une vraie guêpe dans son corset rayé. — Seigneur, nous vous saluons. Qui vous amène dans ce jardin?

ROSEMBERG, à part.

On me questionne de tous côtés, et je ne sais si je dois répondre. Toutes ces figures nouvelles, ces yeux écarquillés qui vous dévisagent, cela m'étourdit à un point !

Haut.

Où est la reine, Messieurs? Je suis Astolphe de Rosemberg, et je désire lui être présenté.

PREMIER COURTISAN.

La reine vient de sortir du palais. Si vous voulez lui parler, attendez son passage; elle reviendra dans une heure.

ROSEMBERG.

Diable! cela est fâcheux.

Il s'assoit sur un banc.

DEUXIÈME COURTISAN.

Vous venez sans doute pour les fêtes?

ROSEMBERG.

Est-ce qu'il y a des fêtes? Quel bonheur ! — Non, Messieurs, je viens pour prendre du service.

PREMIER COURTISAN.

Tout le monde en prend à cette heure.

ROSEMBERG.

Eh! oui, c'est ce qui paraît. Beaucoup s'en mêlent, mais peu savent s'en tirer.

DEUXIÈME COURTISAN.

Vous en parlez avec sévérité.

ROSEMBERG.

Combien de hobereaux ne voyons-nous pas qui ne méritent pas seulement qu'on en parle, et qui ne s'en donnent pas moins pour de grands capitaines! On dirait, à les voir, qu'ils n'ont qu'à monter à cheval pour chasser le Turc par delà le Caucase, et ils sortent de quelque trou de la Bohême, comme des rats effarouchés.

ULRIC, s'approchant.

Seigneur, je suis le comte Ulric, gentilhomme bohémien, et je trouve un peu de légèreté dans vos paroles, qu'on peut pardonner à votre âge, mais que je vous conseille d'en retrancher. Être étourdi est un aussi grand défaut que d'être pauvre, permettez-moi de vous le dire, et que la leçon vous profite.

ROSEMBERG, à part.

C'est mon Bohémien de l'auberge.

Haut.

S'exprimer en termes généraux n'est faire offense à personne. Pour ce qui est d'une leçon, j'en ai donné quelquefois, mais je n'en ai jamais reçu.

ULRIC.

Voilà un langage hautain; — et d'où sortez-vous donc vous-même, pour avoir le droit de le prendre?

PREMIER COURTISAN.

Allons, Seigneurs, que quelques paroles échappées sans dessein ne deviennent pas un motif de querelle. Nous croyons devoir intervenir; songez que vous êtes chez la reine. Ce seul mot vous en dit assez.

ULRIC.

C'est vrai, et je vous remercie de m'avoir averti à temps. Je me croirais indigne du nom que je porte si je ne me rendais à une si juste remontrance.

ROSEMBERG.

Qu'il en soit ce que vous voudrez, je n'ai rien à dire à cela.

Les courtisans sortent. Ulric et Rosemberg restent assis chacun de son côté.

ROSEMBERG, à part.

Le chevalier Uladislas m'a recommandé de ne jamais démordre d'une chose une fois dite. Depuis que je suis dans cette cour, les paroles de ce digne homme ne me sortent pas de la tête. Je ne sais ce qui se passe en moi, je me sens un cœur de lion. Ou je me trompe fort, ou je ferai fortune.

ULRIC, à part.

Avec quelle bonté la reine m'a reçu! et cependant j'éprouve une tristesse que rien ne peut vaincre. Que fait à présent Barberine? Hélas! hélas! l'ambition! — N'étais-je pas bien dans ce vieux château? pauvre, sans doute, mais quoi? O folie! ô rêveurs que nous sommes!

ROSEMBERG, à part.

C'est surtout ce livre que j'ai acheté qui me bouleverse la cervelle; si je l'ouvre le soir en me couchant, je ne saurais dormir de toute la nuit. Que de récits étonnants, que de choses admirables! l'un taille en pièces une armée entière; l'autre saute, sans se blesser, du haut d'un clocher dans la mer Caspienne; et dire que tout cela est vrai, que tout cela est arrivé! Il y en a une surtout qui m'éblouit.

Il se lève et lit tout haut.

« Lorsque le sultan Boabdil... » Ah! voilà quelqu'un qui m'écoute; c'est ce gentilhomme bohémien. Il faut que je fasse ma paix avec lui. Lorsque je lui ai cherché querelle, je ne pensais plus qu'il a une jolie femme.

A Ulric.

Vous venez de Bohême, Seigneur? vous devez connaître mon oncle, le baron d'Engelbreckt?

ULRIC.

Beaucoup, c'est un de mes voisins; nous allions

ensemble à la chasse l'hiver passé. Il est allié, de loin, il est vrai, à la famille de ma femme.

ROSEMBERG.

Vous êtes parent de mon oncle Engelbreckt! Permettez que nous fassions connaissance. Y a-t-il longtemps que vous êtes parti?

ULRIC.

Je ne suis ici que depuis un jour.

ROSEMBERG.

Vous paraissez le dire à regret. Auriez-vous quelque sujet de regarder en arrière avec tristesse? Sans doute, il est toujours fâcheux de quitter sa famille, surtout quand on est marié. Votre femme est jeune, puisque vous l'êtes, belle, par conséquent. Il y a de quoi s'inquiéter.

ULRIC.

L'inquiétude n'est pas mon souci. Ma femme est belle; mais le soleil d'un jour de juillet n'est pas plus pur dans un ciel sans tache que son noble cœur dans son sein chéri.

ROSEMBERG.

C'est beaucoup dire. Hors notre Seigneur Dieu, qui peut connaître le cœur d'un autre? J'avoue qu'à votre place je ne serais pas à mon aise.

ULRIC.

Et pourquoi cela, s'il vous plaît?

ROSEMBERG.

Parce que je douterais de ma femme, à moins qu'elle ne fût la vertu même.

ULRIC.
Je crois que la mienne est ainsi.
ROSEMBERG.
C'est donc un phénix que vous possédez. Est-ce de notre bon roi Mathias que vous tenez ce privilège qui vous distingue entre tous les maris?
ULRIC.
Ce n'est pas le roi qui m'a fait cette grâce, mais Dieu, qui est un peu plus qu'un roi.
ROSEMBERG.
Je ne doute point que vous n'ayez raison, mais vous savez ce que disent les philosophes avec le poète latin : Quoi de plus léger qu'une plume? la poussière; — de plus léger que la poussière? le vent; — de plus léger que le vent? la femme; — de plus léger que la femme? rien.
ULRIC.
Je suis guerrier, et non philosophe, et je ne me soucie point des poètes. Tout ce que je sais, c'est que, en effet, ma femme est jeune, droite et de beau corsage, comme on dit chez nous; qu'il n'y a ouvrage de main ni d'aiguille où elle ne s'entende mieux que personne; qu'on ne trouverait dans tout le royaume ni un écuyer ni un majordome qui sache mieux servir et de meilleure grâce qu'elle à la table d'un seigneur; ajoutez à cela qu'elle sait très bien et très résolument monter à cheval, porter l'oiseau sur le poing à la chasse, et

en même temps tenir ses comptes aussi bien réglés qu'un marchand. Voilà comme elle est, Seigneur cavalier, et avec tout cela je ne douterais pas d'elle, quand je resterais dix ans sans la voir.

ROSEMBERG.

Voilà un merveilleux portrait.

Entre Polacco.

POLACCO.

Je baise vos mains, Seigneurs, je vous salue. Santé est fille de jeunesse. Hé! hé! les bons visages de Dieu! Que Notre-Dame vous protège!

ROSEMBERG.

Qu'y a-t-il, l'ami? A qui en avez-vous?

POLACCO.

Je baise vos mains, Seigneurs, et je vous offre mes services, mes petits services pour l'amour de Dieu.

ULRIC.

Êtes-vous donc un mendiant? Je ne m'attendais pas à en rencontrer dans ces allées.

POLACCO.

Un mendiant! Jésus! un mendiant! Je ne suis point un mendiant, je suis un honnête homme; mon nom est Polacco; Polacco n'est pas un mendiant. Par saint Matthieu! mendiant n'est point un mot qu'on puisse appliquer à Polacco.

ULRIC.

Expliquez-vous, et ne vous offensez pas de ce que je vous demande qui vous êtes.

POLACCO.

Hé! hé! point d'offense; il n'y en a pas. Nos jeunes garçons vous le diront. Qui ne connaît pas Polacco?

ULRIC.

Moi, puisque j'arrive et que je ne connais personne.

POLACCO.

Bon, bon, vous y viendrez comme les autres; on est utile en son temps et lieu, chacun dans sa petite sphère; il ne faut pas mépriser les gens.

ULRIC.

Quelle estime ou quel mépris puis-je avoir pour vous, si vous ne voulez pas me dire qui vous êtes?

POLACCO.

Chut! silence! la lune se lève; voilà un coq qui a chanté.

ULRIC.

Quelle mystérieuse folie promènes-tu dans ton bavardage? Tu parles comme la fièvre en personne.

POLACCO.

Un miroir, un petit miroir! Dieu est Dieu, et les saints sont bénis! Voilà un petit miroir à vendre.

ULRIC.

Jolie emplette! il est grand comme la main et

cousu dans du cuir. C'est un miroir de sorcière bohémienne ; elles en portent de pareils sur la poitrine.

ROSEMBERG.

Regardez-y : qu'y voyez-vous ?

ULRIC.

Rien, en vérité, pas même le bout de mon nez. C'est un miroir magique ; il est couvert d'une myriade de signes cabalistiques.

POLACCO.

Qui saura verra, qui saura verra.

ULRIC.

Ah ! ah ! je comprends qui tu es ; oui, sur mon âme, un honnête sorcier. Eh bien ! que voit-on dans ta glace ?

POLACCO.

Qui verra saura, qui verra saura.

ULRIC.

Vraiment ! je crois donc te comprendre encore. Si je ne me trompe, ce miroir doit montrer les absents ; j'en ai vu, parfois, qu'on donnait comme tels. Plusieurs de mes amis en portent à l'armée.

ROSEMBERG.

Pardieu ! Seigneur Ulric, voilà une offre qui vient à propos. Vous qui parliez de votre femme, ce miroir est fait pour vous. Et dites-moi, brave Polacco, y voit-on seulement les gens ? N'y voit-on pas ce qu'ils font en même temps ?

POLACCO.

Le blanc est blanc, le jaune est de l'or. L'or est au diable, le blanc est à Dieu.

ROSEMBERG.

Voyez! cela n'a-t-il pas trait à la fidélité des femmes? Oui, gageons que les objets paraissent blancs dans cette glace si la femme est fidèle, et jaunes si elle ne l'est pas. C'est ainsi que j'explique ces paroles: L'or est au diable, le blanc est à Dieu.

ULRIC.

Éloignez-vous, mon bon ami; ni ce seigneur ni moi n'avons besoin de vos services. Il est garçon, et je ne suis pas superstitieux.

ROSEMBERG.

Non, sur ma vie! Seigneur Ulric; puisque vous êtes mon allié, je veux faire cela pour vous. J'achète moi-même ce miroir, et nous y regarderons tout à l'heure si votre femme cause avec son voisin.

ULRIC.

Éloignez-vous, vieillard, je vous en prie.

ROSEMBERG.

Non! non! il ne partira pas que nous n'ayons fait cette épreuve. Combien vends-tu ton miroir, Polacco?

Ulric s'éloigne un peu et se promène.

POLACCO.

Hé! hé! chacun son heure, mon cher seigneur; tout vient à point, chacun son heure.

ROSEMBERG.

Je te demande quel est ton prix?

POLACCO.

Qui refuse muse, qui muse refuse.

ROSEMBERG.

Je ne muse pas, je veux acheter ton miroir.

POLACCO.

Hé! hé! qui perd le temps... le temps le gagne; qui perd le temps...

ROSEMBERG.

Je te comprends. Tiens, voilà ma bourse. Tu crains sans doute qu'on ne te voie ici faire en public ton petit négoce.

POLACCO, prenant la bourse.

Bien dit, bien dit, mon cher seigneur, les murs ont des yeux, les arbres aussi. Que Dieu conserve la police! les gens de police sont d'honnêtes gens!

ROSEMBERG, prenant le miroir.

Maintenant tu vas nous expliquer les effets magiques de cette petite glace.

POLACCO.

Seigneur, en fixant vos yeux avec attention sur ce miroir, vous verrez un léger brouillard qui se dissipe peu à peu. Si l'attention redouble, une forme vague et incertaine commence bientôt à en sortir; l'attention redoublant encore, la forme devient claire; elle vous montre le portrait de la personne absente à laquelle vous avez pensé en prenant la glace. Si cette personne est une femme et qu'elle vous soit fidèle, la figure est blanche et presque pâle; elle vous sourit faiblement. Si la personne est seulement tentée, la figure se colore d'un jaune blond comme l'or d'un épi mûr; si elle est infidèle, elle devient noire comme du charbon, et aussitôt une odeur infecte se fait sentir.

ROSEMBERG.

Une odeur infecte, dis-tu?

POLACCO.

Oui, comme lorsque l'on jette de l'eau sur des charbons allumés.

ROSEMBERG.

C'est bon; maintenant prends ce qu'il te faut dans cette bourse, et rends-moi le reste.

POLACCO.

Qui viendra saura, qui saura viendra.

ROSEMBERG.

Vends-tu si cher cette bagatelle?

POLACCO.

Qui viendra verra, qui verra viendra.

ROSEMBERG.

Que le diable t'emporte avec tes proverbes!

POLACCO.

Je baise les mains, les mains... Qui viendra verra.

Il sort.

ROSEMBERG.

Maintenant, Seigneur Ulric, si vous le voulez bien, il nous est facile de savoir qui a raison de vous ou de moi ?

ULRIC.

Je vous ai déjà répondu ; je ne puis souffrir ces jongleries.

ROSEMBERG.

Bon ! vous avez entendu, comme moi, les explications de ce digne sorcier. Que nous coûte-t-il de tenter l'épreuve ? Jetez, de grâce, les yeux sur ce miroir.

ULRIC.

Regardez-y vous-même, si bon vous semble.

ROSEMBERG.

Oui, en vérité, à votre défaut j'y veux regarder et penser pour vous à votre chère comtesse, ne fût-ce que pour voir apparaître, blanche ou jaune, sa charmante image. Tenez, je l'aperçois déjà !

ULRIC.

Une fois pour toutes, Seigneur cavalier, ne continuez pas sur ce ton. C'est un conseil que je vous donne.

SCÈNE II

LES MÊMES, Plusieurs Courtisans.

PREMIER COURTISAN, à Ulric.

Comte Ulric, la reine va rentrer tout à l'heure au palais. Elle nous a ordonné de vous dire que votre présence y sera nécessaire.

ULRIC.

Je vous rends mille grâces, Messieurs, et je suis tout aux ordres de Sa Majesté.

ROSEMBERG, regardant toujours le miroir.

Dites-moi, Messieurs, ne sentez-vous pas quelque odeur singulière?

PREMIER COURTISAN.

Quelle espèce d'odeur?

ROSEMBERG.

Hé! comme du charbon éteint.

ULRIC, à Rosemberg.

Avez-vous donc juré de lasser ma patience?

ROSEMBERG.

Regardez vous-même, Comte Ulric; assurément ce n'est pas là du blanc.

ULRIC.

Enfant, tu insultes une femme que tu ne connais pas.

ROSEMBERG.

C'est que, peut-être, j'en connais d'autres.

ULRIC.

Eh bien! puisque les miroirs te plaisent, regarde-toi dans celui-ci.

<small>Il tire son épée.</small>

ROSEMBERG.

Attendez, je ne suis pas en garde.

<small>Il tire aussi son épée.</small>

SCÈNE III

LES MÊMES, LA REINE, TOUS LES COURTISANS.

LA REINE.

Que veut dire ceci, jeunes gens? je croyais que ce n'était pas pour arroser les fleurs de mon parterre que se tiraient des épées hongroises. Qui a donné lieu à cette dispute?

ULRIC.

Madame, excusez-moi. Il y a telle insulte que je ne puis supporter. Ce n'est pas moi qui suis offensé, c'est mon honneur.

LA REINE.

De quoi s'agit-il? Parlez.

ULRIC.

Madame, j'ai laissé au fond de mon château une femme belle comme la vertu. Ce jeune homme, que je ne connais pas et qui ne connaît pas ma femme, n'en a pas moins dirigé contre elle des railleries dont il fait gloire. Je proteste à vos pieds qu'aujourd'hui même j'ai refusé de tirer l'épée, par respect pour la place où je suis.

LA REINE, à Rosemberg.

Vous paraissez bien jeune, mon enfant. Quel motif a pu vous porter à médire d'une femme qui vous est inconnue ?

ROSEMBERG.

Madame, je n'ai pas médit d'une femme. J'ai exprimé mon opinion sur toutes les femmes en général, et ce n'est pas ma faute si je ne puis la changer.

LA REINE.

En vérité, je croyais que l'expérience n'avait pas la barbe aussi blonde.

ROSEMBERG.

Madame, il est juste et croyable que Votre Majesté défende la vertu des femmes; mais je ne puis avoir pour cela les mêmes raisons qu'elle.

LA REINE.

C'est une réponse téméraire. Chacun peut en effet avoir sur ce sujet l'opinion qu'il veut ; mais que vous en semble, Messieurs? N'y a-t-il pas une présomptueuse et hautaine folie à prétendre juger toutes les femmes? C'est une cause bien vaste à soutenir, et, si j'y étais avocat, moi, votre reine en cheveux gris, mon enfant, je pourrais mettre dans la balance quelques paroles que vous ne savez pas. Qui vous a donc appris, si jeune, à mépriser votre nourrice? Vous qui sortez apparemment de l'école, est-ce là ce que vous avez lu dans les yeux bleus des jeunes filles qui puisaient de l'eau dans la fontaine de votre village? Vraiment! le premier mot que vous avez épelé sur les feuilles tremblantes d'une légende céleste, c'est le mépris? Vous l'avez à votre âge? Je suis donc plus jeune que vous, car vous me faites battre le cœur. Tenez, posez la main sur celui du comte Ulric; je ne connais pas sa femme plus que vous, mais je suis femme, et je vois comment son épée lui tremble encore dans la main. Je vous gage mon anneau nuptial que sa femme lui est fidèle comme la vierge l'est à Dieu!

ULRIC.

Reine, je prends la gageure, et j'y mets tout ce que je possède sur terre, si ce jeune homme veut la tenir.

ROSEMBERG.

Je suis trois fois plus riche que vous.

LA REINE.

Comment t'appelles-tu?

ROSEMBERG.

Astolphe de Rosemberg.

LA REINE.

Tu es un Rosemberg, toi? Je connais ton père, il m'a parlé de toi. Va, va, le comte Ulric ne gage plus rien contre toi; nous te renverrons à l'école.

ROSEMBERG.

Non, Majesté. Il ne sera pas dit que j'aurai reculé, si le comte tient le pari.

LA REINE.

Et que paries-tu?

ROSEMBERG.

S'il veut me donner sa parole de chevalier qu'il n'écrira rien à sa femme de ce qui s'est passé entre nous, je gage mon bien contre le sien, ou du moins jusqu'à concurrence égale, que je me rendrai dès demain au château qu'il habite, et que ce cœur de diamant sur lequel il compte si fort ne me résistera pas longtemps.

ULRIC.

Je tiens, et il est trop tard pour vous dédire. Vous avez parié devant la reine, et, puisque sa présence auguste m'a obligé de baisser l'épée, c'est elle que je prends pour témoin du duel honorable que je vous propose.

ROSEMBERG.

J'accepte, et rien ne m'en fera dédire; mais il me faut une lettre de recommandation, afin de me procurer un plus libre accès.

ULRIC.

De tout mon cœur, tout ce que vous voudrez.

LA REINE.

Je me porte donc comme témoin, et comme juge de la querelle. Le pari sera inscrit par le chancelier de la justice du roi, mon maître, et à votre parole j'ajoute ici la mienne, qu'aucune puissance au monde ne pourra me fléchir quand le jour sera passé. Allez, Messieurs, que Dieu vous garde !

ACTE III

Une salle au château de Barberine. — Plusieurs vastes croisées ouvertes au fond, sur une cour intérieure. — Par une de ces croisées on voit un cabinet dans une tourelle gothique, dont la fenêtre est également ouverte.

SCÈNE PREMIÈRE

ROSEMBERG, KALÉKAIRI.

ROSEMBERG.
Tu disais donc, ma belle enfant, que tu te nommes Kalékairi?

KALÉKAIRI.
Mon père l'a voulu.

ROSEMBERG.
Fort bien; et ta maîtresse n'est pas visible?

KALÉKAIRI.
Elle s'habille, elle s'habille longtemps. Elle a dit de la prévenir.

ROSEMBERG.
Ne te hâte pas, Kalékairi. Si je ne me trompe, ce nom-là est pour le moins turc ou arabe.

KALÉKAIRI.

Kalékairi est née à Trébizonde, mais elle n'est pas venue au monde pour la pauvre place qu'elle occupe.

ROSEMBERG.

Es-tu mécontente de ton sort? — As-tu à te plaindre de ta maîtresse?

KALÉKAIRI.

Personne ne s'en plaint.

ROSEMBERG.

Parle-moi franchement.

KALÉKAIRI.

Qu'appelez-vous franchement?

ROSEMBERG.

Dire ce que l'on pense.

KALÉKAIRI.

Lorsque Kalékairi ne pense à rien, elle ne dit rien.

ROSEMBERG.

C'est à merveille.

A part.

Voilà une petite sauvage qui n'a pas l'air trop rébarbatif.

Haut.

Ainsi donc, tu aimes ta maîtresse?

KALÉKAIRI.

Tout le monde l'aime.

ROSEMBERG.

On la dit très belle.

KALÉKAIRI.

On a raison.

ROSEMBERG.

Elle est coquette, j'imagine, puisqu'elle fait de si longues toilettes?

KALÉKAIRI.

Non, elle est bonne.

ROSEMBERG.

Pourquoi donc alors te plaignais-tu d'être dans ce château?

KALÉKAIRI.

Parce que la fille de ma mère devait avoir beaucoup de suivantes, au lieu d'en être une elle-même.

ROSEMBERG.

J'entends, — quelques revers de fortune.

KALÉKAIRI.

Les pirates m'ont enlevée.

ROSEMBERG.

Les pirates! Conte-moi cela.

KALÉKAIRI.

Ce n'est pas un conte, cela fait pleurer. Kalékairi n'en parle jamais.

ROSEMBERG.

En vérité!

KALÉKAIRI.

Non, pas même avec ma perruche, pas même

avec mon chien Mamouth, pas même avec le rosier qui est dans ma chambre.

ROSEMBERG.

Tu es discrète, à ce que je vois.

KALÉKAIRI.

Il le faut.

ROSEMBERG.

C'est mon sentiment. As-tu fait ici ton apprentissage?

KALÉKAIRI.

Non, je suis allée à Constantinople, à Smyrne et à Janina, chez le pacha.

ROSEMBERG.

Ah! ah! toute jeune que tu es, tu dois avoir quelque usage du monde.

KALÉKAIRI.

J'ai toujours servi près des femmes.

ROSEMBERG.

C'est bien suffisant pour apprendre. — Or çà, belle Kalékairi, si ta maîtresse me reçoit bien, je compte passer ici quelque temps. Si j'avais besoin de tes bons offices, — serais-tu d'humeur à m'obliger?

KALÉKAIRI.

Très volontiers.

ROSEMBERG.

Bien répondu. Tiens, en ta qualité de Turque, tu dois aimer la couleur des sequins. Prends cette bourse, et va m'annoncer.

KALÉKAIRI.

Pourquoi me donnez-vous cela?

ROSEMBERG.

Pour faire connaissance. Va m'annoncer, ma chère enfant.

KALÉKAIRI.

Il n'était pas besoin de sequins.

SCÈNE II

ROSEMBERG seul; puis BARBERINE, dans la tourelle.

ROSEMBERG.

Voilà une étrange soubrette!... Quelle singulière idée a ce comte Ulric de faire garder sa femme par une espèce d'icoglan femelle! Il faut convenir que tout ce qui m'arrive a quelque chose de si bizarre que cela semble presque surnaturel... Allons, en tout cas, j'ai bien commencé. La suivante prend mes intérêts; quant à la maîtresse... voyons! quel moyen emploierai-je ici? La ruse, la force, ou l'amour? La force, fi donc! Ce ne serait ni d'un gentilhomme ni d'un loyal parieur. Pour l'amour, cela peut se tenter, mais c'est que cela est bien long, et je voudrais vaincre comme César... Ah! j'aperçois quelqu'un dans cette tourelle, c'est la comtesse elle-même, je la reconnais! Elle est à se coiffer, — je crois même qu'elle chante.

BARBERINE.

Premier couplet.

Beau chevalier qui partez pour la guerre,
    Qu'allez-vous faire
    Si loin d'ici ?
Voyez-vous pas que la nuit est profonde,
    Et que le monde
    N'est que souci ?

ROSEMBERG.

Elle ne chante pas mal, mais il me semble que sa chanson exprime un regret ; oui, quelque chose comme un souvenir. Hum ! lorsque j'ai tenu ce pari, je crois que j'ai agi bien vite. — Il y a de certains moments où l'on ne peut répondre de soi ; c'est comme un coup de vent qui s'engouffre dans votre manteau. Peste ! il ne faut pas que je m'y trompe ; il y va là pour moi de bon nombre d'écus ! Voyons ! emploierai-je la ruse ?

BARBERINE.

Second couplet.

Vous qui croyez qu'une amour délaissée
    De la pensée
    S'enfuit ainsi ;
Hélas ! hélas ! chercheur de renommée,
    Votre fumée
    S'envole aussi.

ROSEMBERG.

Cette chanson dit toujours la même chose, mais qu'est-ce que prouve une chanson? Oui, plus j'y pense, plus la ruse me semble le véritable moyen de succès. La ruse et l'amour feraient merveille ensemble. Mais il est bien vrai que je ne sais trop comment ruser. Si je faisais comme cet Uladislas lorsqu'il trompa le géant Molock! mais voilà le défaut de toutes ces histoires-là, c'est qu'elles sont charmantes à écouter, et qu'on ne sait comment les mettre en pratique. Je lisais, hier, par exemple, l'histoire d'un héros de roman qui, dans ma position, s'est caché pendant toute une journée pour pénétrer chez sa maîtresse. Est-ce que je peux me cacher dans un coffre? Je sortirais de là couvert de poussière, et mes habits seraient gâtés. Bah! je crois que j'ai pris le bon parti. Oui, le meilleur de tous les stratagèmes, c'est de donner de l'argent à la servante; je veux éblouir de même les autres domestiques... Ah! voici venir Barberine. Eh bien donc! tout est décidé; j'emploierai à la fois la ruse et l'amour.

SCÈNE III

ROSEMBERG, BARBERINE, KALÉKAIRI.

KALÉKAIRI. Elle reste au fond du théâtre.

Voici la maîtresse.

BARBERINE.

Seigneur, vous êtes le bienvenu. Vous arrivez, m'a-t-on dit, de la cour. Comment se porte mon mari? Que fait-il? Où est-il? A la guerre?... Hélas! répondez.

ROSEMBERG.

Il est à la guerre, Madame; je le crois, du moins. Pour ce qu'il fait, cela semble facile à dire; il suffit de vous regarder pour le supposer. Qui peut vous avoir vue et vous oublier? Il pense à vous sans doute, Comtesse, et, tout éloigné qu'il est de vous, son sort est plus digne d'envie que de pitié si, de votre côté, vous pensez à lui. Voici une lettre qu'il m'a confiée.

BARBERINE, lisant.

C'est un jeune cavalier du plus grand mérite, et qui appartient à l'une des plus nobles familles des deux royaumes. Recevez-le comme un ami...

Je ne vous en lis pas plus; nous ne sommes riches que de bonne volonté, mais nous vous recevrons le moins mal possible.

ROSEMBERG.

J'ai laissé quelque part par là mes chevaux et mes écuyers. Je ne saurais voyager sans un cortège considérable, attendu ma naissance et ma fortune; mais je ne veux pas vous embarrasser de ce train...

BARBERINE.

Pardonnez-moi, mon mari m'en voudrait si je n'insistais; nous leur enverrons dire de venir ici.

ROSEMBERG.

Quel remerciement puis-je faire pour un accueil si favorable ? Cette blanche main, du haut de ces tourelles, a daigné faire signe qu'on m'ouvrît la porte, et ces beaux yeux ne la contredisent pas. — Ils m'ouvrent aussi, noble comtesse, la porte d'un cœur hospitalier. — Permettez que j'aille moi-même prévenir ma suite, et je reviens auprès de vous. — J'ai quelques ordres à donner...

A part.

Du courage, et les poches pleines ! Je veux prendre un peu l'air des alentours.

SCÈNE IV

BARBERINE, KALÉKAIRI.

BARBERINE.

Que penses-tu de ce jeune homme, ma chère ?

KALÉKAIRI.

Kalékairi ne l'aime point.

BARBERINE.

Il te déplaît! Pourquoi cela?

Elle s'assoit.

Il me semble qu'il n'est pas mal tourné.

KALÉKAIRI.

Certainement.

BARBERINE.

Qu'est-ce donc qui te choque? Il ne s'exprime pas mal, un peu en courtisan, mais c'est la faute de sa jeunesse, et il apporte de bonnes nouvelles.

KALÉKAIRI.

Je ne crois pas.

BARBERINE.

Comment! tu ne crois pas? voici la lettre de mon mari qui est toute pleine de tendresse pour moi et d'amitié pour son ambassadeur.

Kalékairi secoue la tête.

Que t'a donc fait ce monsieur de Rosemberg?

KALÉKAIRI.

Il a donné de l'or à Kalékairi.

BARBERINE, riant.

C'est là ce qui t'a offensée? Eh bien! il n'y a qu'à le lui rendre.

KALÉKAIRI.

Je suis esclave.

BARBERINE.

Non pas ici. — Tu es ma compagne et mon amie.

KALÉKAIRI.

Si on rendait l'or, il se défierait.

BARBERINE.

Que veux-tu dire ? explique-toi. Tu le traites comme un conspirateur.

KALÉKAIRI.

Kalékairi n'avait rien fait pour lui. Elle n'avait pas ouvert la porte, elle n'avait pas arrangé une chambre, elle n'avait point préparé un repas. Il a voulu tromper Kalékairi.

BARBERINE.

Mais Kalékairi prend bien vite la mouche. Est-ce qu'il a essayé de te faire la cour ?

KALÉKAIRI.

Oh ! non.

BARBERINE.

Eh bien ! quoi de si surprenant ? Il est nouveau venu dans ce château. N'est-il pas assez naturel qu'il cherche à s'y gagner quelque bienveillance ? Il est riche, d'ailleurs, à ce qu'il paraît, et assez content qu'on le sache ; c'est une petite façon de grand seigneur.

KALÉKAIRI.

Il ne connaît pas le comte Ulric.

BARBERINE.

Comment ! il ne le connaît pas ?

KALÉKAIRI.

Non. Il a parlé au portier L'Uscoque, et il lui a demandé s'il aimait son maître. Il m'a demandé aussi si je vous aimais. Il ne nous connaît pas.

BARBERINE.

Que tu es folle! voilà les belles preuves qui te donnent sur lui des soupçons! Et quel grand crime penses-tu donc qu'il médite?

KALÉKAIRI.

Quand j'ai été à Janina, un chrétien est venu qui aimait ma maîtresse; il a donné aussi beaucoup d'or aux esclaves, et on l'a coupé en morceaux.

BARBERINE.

Miséricorde! comme tu y vas! voyez-vous la petite lionne! et tu te figures apparemment que ce jeune homme vient tenter ma conquête? N'est-ce pas là le fond de ta pensée?

Kalékairi fait signe que oui.

Eh bien! ma chère, sois sans inquiétude. Tu peux laisser là tes frayeurs et tes petits moyens par trop asiatiques. Je n'imagine point qu'un inconnu vienne de prime abord me parler d'amour. Mais supposons qu'il en soit ainsi, tu peux être bien assurée... Voici notre hôte, tu nous laisseras seuls. — Retirons-nous un peu à l'écart.

A part.

Il serait pourtant curieux qu'elle eût raison.

Elles se retirent au fond du théâtre.

SCÈNE V

LES MÊMES, ROSEMBERG.

ROSEMBERG, se croyant seul.

Je crois maintenant que mon plan est fait. Il y a dans le petit livre d'Uladislas l'histoire d'un certain Jachimo qui fait une gageure toute pareille à la mienne avec Leonatus Posthumus, gendre du roi de la Grande-Bretagne. Ce Jachimo s'introduit secrètement dans l'appartement de la belle Imogène, en son absence, et prend sur ses tablettes une description exacte de la chambre. Ici telle porte, là telle fenêtre, l'escalier est de telle façon... Il note les moindres détails ni plus ni moins qu'un général d'armée qui se dispose à entrer en campagne. Je veux imiter ce Jachimo.

BARBERINE, à part.

Il a l'air de se consulter.

KALÉKAIRI, de même.

N'en doutez pas; c'est peut-être un espion turc.

ROSEMBERG.

Le portier L'Uscoque a pris mon argent. Je me glisserai furtivement dans la chambre de Barberine, et là... oui... Que ferai-je là si je viens à la rencontrer? Hum!... c'est dangereux et embarrassant.

KALÉKAIRI, bas à Barberine.

Voyez-vous comme il réfléchit?

ROSEMBERG.

Eh bien! je plaiderai ma cause, car Dieu me garde de l'offenser! ce serait me déshonorer moi-même. — Mais dans tous les romans, et même dans les ballades, les plus parfaits amants font-ils autre chose que s'introduire ainsi, quand ils peuvent, chez la dame de leur pensée? C'est toujours plus commode, on est moins dérangé. — Ah! voilà la belle comtesse! — Si j'essayais d'abord, par manière d'acquit, quelques propos de galanterie? Sachons ce qu'elle dit sur ce chapitre, cela ne peut pas nuire, car, au bout du compte, si je venais à ne pas lui déplaire, cela me dispenserait de ruser, — et c'est cette ruse qui m'embarrasse!

Haut.

Excusez-moi, Comtesse, d'être demeuré si long-temps loin de vous; mes équipages sont considérables, et il faut mettre quelque ordre à cela.

BARBERINE.

Rien n'est plus juste, et je vous prie de vouloir bien vous considérer comme parfaitement libre dans cette maison. Vous comprenez qu'un ami de mon mari ne saurait être un étranger pour nous.

A Kalékairi.

Va, Kalékairi, va, ma chère, et n'aie pas peur.

Kalékairi sort.

ROSEMBERG.

Vous me pénétrez de reconnaissance. A vous dire vrai, en venant chez vous, je ne craignais que d'être importun, et je courrais grand risque de le devenir si je laissais parler mon cœur.

BARBERINE, à part.

Parler-son cœur ! déjà ! quel langage !
Haut.

Soyez assuré, Seigneur Rosemberg, que vous ne me gênez pas du tout : car cette liberté que je vous offre m'est fort nécessaire à moi-même, et je vous la donne pour en user aussi.

ROSEMBERG.

Cela s'entend, je connais les convenances et je sais quels devoirs impose votre rang. Une châtelaine est reine chez elle, et vous l'êtes deux fois, Madame, par la noblesse et par la beauté.

BARBERINE.

Ce n'est pas cela. C'est que dans ce moment-ci nous sommes en train de faire la vendange.

ROSEMBERG.

Oui, vraiment, j'ai vu en passant sur ces collines quantité de paysans. Cela ressemble à une fête, et vous recevez sans doute, à cette occasion, les hommages de vos vassaux. Ils doivent être heureux, puisqu'ils vous appartiennent.

BARBERINE.

Oui, mais ils sont bien tourmentants... il me

faut aller aux champs toute la journée pour faire rentrer le maïs et les foins tardifs.

ROSEMBERG, à part.

Si elle me répond sur ce ton, cela va être bien peu poétique.

BARBERINE, de même.

S'il persiste dans ses compliments, cela pourra être divertissant.

ROSEMBERG.

J'avoue, Comtesse, qu'une chose m'étonne. Ce n'est pas de voir une noble dame veiller au soin de ses domaines; mais j'aurais cru que c'était de plus loin.

BARBERINE.

Je conçois cela. Vous êtes de la cour, et les beautés d'Albe-Royale ne promènent pas dans l'herbe leurs souliers dorés.

ROSEMBERG.

C'est vrai, Madame; et ne trouvez-vous pas que cette vie toute de plaisirs, de fêtes, d'enchantements et de magnificence, est une chose vraiment admirable? Sans vouloir médire des vertus champêtres, la vraie place d'une jolie femme n'est-elle pas là, dans cette sphère brillante? Regardez votre miroir, Comtesse. Une jolie femme n'est-elle pas le chef-d'œuvre de la création, et toutes les richesses du monde ne sont-elles pas faites pour l'entourer, pour l'embellir, s'il était possible?

BARBERINE.

Oui, cela peut plaire sans doute. Vos belles dames ne voient ce pauvre monde que du haut de leur palefroi, ou, si leur pied se pose à terre, c'est sur un carreau de velours.

ROSEMBERG.

Oh! pas toujours. Ma tante Béatrice va aussi comme vous dans les champs.

BARBERINE.

Ah ! votre tante est bonne ménagère ?

ROSEMBERG.

Oui, et bien avare, excepté pour moi, car elle me donnerait ses coiffes.

BARBERINE.

En vérité ?

ROSEMBERG.

Oh ! certainement ; c'est d'elle que me viennent presque tous les bijoux que je porte.

BARBERINE, à part.

Ce garçon-là n'est pas bien méchant.

Haut.

J'aime fort les bonnes ménagères, vu que j'ai la prétention d'en être une moi-même. Tenez, vous en voyez la preuve.

ROSEMBERG.

Qu'est-ce que cela ? Dieu me pardonne, une quenouille et un fuseau !

BARBERINE.

Ce sont mes armes.

ROSEMBERG.

Est-ce possible? quoi! vous cultivez ce vieux métier de nos grand'mères? vous plongez vos belles mains dans cette filasse?

BARBERINE.

Je tâche qu'elles se reposent le moins possible. Est-ce que votre tante ne file pas?

ROSEMBERG.

Mais ma tante est vieille, Madame; il n'y a que les vieilles femmes qui filent.

BARBERINE.

Vraiment! en êtes-vous bien sûr? Je ne crois pas qu'il en doive être ainsi. Ne connaissez-vous pas cette ancienne maxime, que le travail est une prière? Il y a longtemps qu'on a dit cela. Eh bien! si ces deux choses se ressemblent, et elles peuvent se ressembler devant Dieu, n'est-il pas juste que la tâche la plus dure soit le partage des plus jeunes? N'est-ce pas quand nos mains sont vives, alertes et pleines d'activité, qu'elles doivent tourner le fuseau? Et, lorsque l'âge et la fatigue les forcent un jour de s'arrêter, n'est-ce pas alors qu'il est temps de les joindre, en laissant faire le reste à la suprême bonté? Croyez-moi, Seigneur Rosemberg, ne dites pas de mal de nos quenouilles, non pas même de nos aiguilles; je vous le répète, ce sont nos armes. Il est vrai que, vous autres hommes, vous en portez de plus glorieuses, mais celles-là ont aussi leur prix; voici ma lance et mon épée.

Elle montre la quenouille et le fuseau.

ROSEMBERG, à part.

Le sermon n'est pas mal tourné, mais me voilà loin de mon pari. Tâchons encore d'y revenir.

Haut.

Il n'est pas possible, Madame, d'être contredit quand on dit si bien. Mais vous permettrez, s'il vous plaît, armes pour armes, que je préfère les nôtres.

BARBERINE.

Les combats vous plaisent, à ce que je vois?

ROSEMBERG.

Le demandez-vous à un gentilhomme? Hors la guerre et l'amour, qu'a-t-il à faire au monde?

BARBERINE.

Vous avez commencé bien jeune. Expliquez-moi donc une chose. Je n'ai jamais bien compris qu'un homme, couvert de fer, puisse diriger aisément un cheval qui en est aussi tout caparaçonné. Ce bruit de ferraille doit être assourdissant, et vous devez être là comme dans une prison.

ROSEMBERG, à part.

Je crois qu'elle cherche à me dérouter.

Haut.

Un bon cavalier ne craint rien s'il porte la couleur de sa dame.

BARBERINE.

Vous êtes brave, à ce qu'il paraît. Aimez-vous beaucoup votre tante ?

ROSEMBERG.

De tout mon cœur, d'amitié s'entend, car pour l'amour, c'est autre chose.

BARBERINE.

On n'a pas d'amour pour sa tante.

ROSEMBERG.

Je n'en saurais avoir pour qui que ce soit, hormis pour une seule personne.

BARBERINE.

Votre cœur est pris ?

ROSEMBERG.

Oui, Madame, depuis peu de temps, mais pour toute ma vie.

BARBERINE.

C'est sûrement quelque jeune fille que vous avez dessein d'épouser ?

ROSEMBERG.

Hélas ! Madame, c'est impossible. Elle est jeune et belle, il est vrai, et elle a toutes les qualités qui peuvent faire le bonheur d'un époux, mais ce bonheur ne m'est pas réservé ; sa main appartient à un autre.

BARBERINE.

Cela est fâcheux, il faut en guérir.

ROSEMBERG.

Ah ! Madame, il faut en mourir !

BARBERINE.

Bah! à votre âge!

ROSEMBERG.

Comment! à mon âge! Êtes-vous donc tant plus âgée que moi?

BARBERINE.

Beaucoup plus. Je suis raisonnable.

ROSEMBERG.

Je l'étais aussi avant de l'avoir vue! — Ah! si vous saviez qui elle est! Si j'osais prononcer son nom devant vous...

BARBERINE.

Est-ce que je la connais?

ROSEMBERG.

Oui, Madame! — Et, puisque mon secret vient de m'échapper à demi, je vous le confierais tout entier, si vous me promettiez de ne pas m'en punir.

BARBERINE.

Vous en punir? à quel propos? Je n'y suis pour rien, j'imagine.

ROSEMBERG.

Pour plus que vous ne pensez, Madame, et si j'osais...

SCÈNE VI

LES MÊMES, KALÉKAIRI.

ROSEMBERG, à part.

Peste soit de la petite Barbaresque ! j'avais eu tant de peine à en arriver là !

KALÉKAIRI.

Le portier L'Uscoque est venu pour dire qu'il y avait sur la route beaucoup de chariots.

BARBERINE.

Qu'est-ce que c'est ?

KALÉKAIRI.

Je puis le dire à vous seule.

BARBERINE.

Approche.

ROSEMBERG, à part.

Quel mystère ! Encore des légumes ! Voilà une châtelaine terriblement bourgeoise !

KALÉKAIRI, bas à sa maîtresse.

Il n'y a point de chariots. Rosemberg a encore donné beaucoup d'or au portier L'Uscoque.

BARBERINE, bas.

Pourquoi faire, et sous quel prétexte ?

KALÉKAIRI, de même.

Il a demandé qu'on le fasse entrer secrètement chez la maîtresse.

BARBERINE, bas.

Chez moi, dis-tu ? en es-tu sûre ?

KALÉKAIRI, de même.

L'Uscoque ne voulait rien dire ; mais Kalékairi l'a grisé, et il lui a tout raconté.

BARBERINE, regardant Rosemberg.

Vraiment, cela est incroyable !

ROSEMBERG, à part.

Quel singulier regard jette-t-elle donc sur moi ?

BARBERINE, de même.

Est-ce possible ? Ce jeune homme un peu fanfaron, il est vrai, mais, au fond, d'humeur assez douce et qui semblait... Cela est bien étrange !

KALÉKAIRI, bas.

L'Uscoque dit maintenant que, si la maîtresse le veut, il se cachera derrière la porte avec Ludwig le jardinier. Ils prendront chacun une fourche, et quand l'autre arrivera...

BARBERINE, riant.

Non, je te remercie. Tu en reviens toujours à ta méthode expéditive.

KALÉKAIRI.

Rosemberg a beaucoup de domestiques armés.

BARBERINE.

Oui, et nous sommes seules, ou presque seules, dans cette maison au fond d'un petit désert. Mais je te dirai une chose fort simple : — il y a un gardien, ma chère, qui défend mieux l'honneur

d'une femme que tous les remparts d'un sérail et tous les muets d'un sultan, et ce gardien, c'est elle-même. Va, et cependant ne t'éloigne pas. — Écoute ! lorsque je te ferai signe par cette fenêtre...
Elle lui parle à l'oreille.

KALÉKAIRI.

Ce sera fait.

Elle sort.

SCÈNE VII

BARBERINE, ROSEMBERG.

BARBERINE.

Eh bien ! Seigneur, à quoi songez-vous ?

ROSEMBERG.

J'attendais de savoir si je dois me retirer.

BARBERINE.

N'étiez-vous pas en train de me faire une confidence ? Cette petite fille est venue mal à propos.

ROSEMBERG.

Oh ! oui.

BARBERINE.

Eh bien ! continuez.

ROSEMBERG.

Je n'en ai plus le courage, Madame, je ne sais comment j'avais pu oser...

BARBERINE.

Et vous n'osez plus ! Vous me disiez, je crois, que vous aviez de l'amour pour une femme qui est mariée à l'un de vos amis ?

ROSEMBERG.

Un de mes amis, je n'ai pas dit cela.

BARBERINE.

Je croyais l'avoir entendu. Mais êtes-vous sûr que j'aie mal compris ?

ROSEMBERG, à part.

Que veut-elle dire ? ce regard si terrible me semble à présent singulièrement doux.

BARBERINE.

Eh bien ! vous ne répondez pas ?

ROSEMBERG.

Ah ! Madame... Si vous avez pénétré ma pensée...

BARBERINE.

Est-ce une raison pour ne pas la dire ?

ROSEMBERG.

Non, je le vois ! vous m'avez deviné. Ces beaux yeux ont lu dans mon cœur, qui se trahissait malgré moi. Je ne saurais vous cacher plus longtemps un sentiment plus fort que ma raison, plus puissant même que mon respect pour vous. Apprenez donc à la fois, Comtesse, et ma souffrance et ma folie. Depuis le premier jour où je vous ai vue, j'erre autour de ce château, dans ces montagnes désertes !... L'armée, la cour, ne sont plus rien pour moi ; j'ai tout quitté dès que j'ai pu trouver un prétexte pour me rapprocher de vous, ne fût-ce qu'un instant. Je vous aime, je vous adore ! voilà mon secret, Madame ; avais-je tort de vous supplier de ne pas m'en punir ?

Il met un genou en terre.

BARBERINE, à part.

Il ne ment pas mal pour son âge.

Haut.

Vous aviez, dites-vous, la crainte d'être puni ; — n'aviez-vous pas celle de m'offenser ?

ROSEMBERG, se levant.

En quoi l'amour peut-il être une offense ? Qui est-ce offenser que d'aimer ?

BARBERINE.

Dieu, qui le défend !

ROSEMBERG.

Non, Barberine ! puisque Dieu a fait la beauté, comment peut-il défendre qu'on l'aime ? C'est son image la plus parfaite.

BARBERINE.

Mais, si la beauté est l'image de Dieu, la sainte foi jurée à ses autels n'est-elle pas un bien plus précieux ? S'est-il contenté de créer, et n'a-t-il pas, sur son œuvre céleste, étendu la main comme un père, pour défendre et pour protéger ?

ROSEMBERG.

Non, quand je suis ainsi près de vous, quand ma main tremble en touchant la vôtre, quand vos yeux s'abaissent sur moi avec ce regard qui me transporte, non, Barberine! c'est impossible; non, Dieu ne défend pas d'aimer. Hélas! point de reproches, je ne...

BARBERINE.

Que vous me trouviez belle et que vous me le disiez, cela ne me fâche pas beaucoup. Mais à quoi bon en dire davantage? Le comte Ulric est votre ami.

ROSEMBERG.

Qu'en sais-je! Que puis-je vous répondre? De quoi puis-je me souvenir près de vous?

BARBERINE.

Quoi! si je consentais à vous écouter, ni l'amitié, ni la crainte de Dieu, ni la confiance d'un gentilhomme qui vous envoie auprès de moi, rien n'est capable de vous faire hésiter?

ROSEMBERG.

Non, sur mon âme, rien au monde. Vous êtes si belle, Barberine! vos yeux sont si doux! votre sourire est le bonheur lui-même!

BARBERINE.

Je vous l'ai dit, tout cela ne me fâche pas. Mais pourquoi prendre ainsi ma main? O Dieu! il me semble que, si j'étais homme, je mourrais plutôt que de parler d'amour à la femme d'un ami.

ROSEMBERG.

Et moi, je mourrai plutôt que de cesser de vous parler d'amour.

BARBERINE.

Vraiment ! sur votre honneur, cela est votre sentiment ?

<small>Elle fait un signe par la fenêtre.</small>

ROSEMBERG.

Sur mon âme, sur mon honneur !

BARBERINE.

Vous trahiriez de bon cœur un ami ?

ROSEMBERG.

Oui, pour vous plaire, pour un regard de vous.

<small>On entend sonner une cloche.</small>

BARBERINE.

Voici la cloche qui m'avertit de descendre.

ROSEMBERG.

O Ciel ! vous me quittez ainsi ?

BARBERINE.

Que vous dirai-je ? voici Kalékairi.

SCÈNE VIII

LES MÊMES, KALÉKAIRI.

ROSEMBERG, à part.

Encore cette Croate, cette Transylvaine !

KALÉKAIRI.

Les fermiers disent qu'ils attendent.

BARBERINE.

J'y vais.

ROSEMBERG, bas à Barberine.

Hé! quoi! sans une parole...? sans un regard qui m'apprenne mon sort?

BARBERINE.

Je crois que vous êtes un grand enchanteur, car il est impossible de vous garder rancune. Mes fermiers vont se mettre à table; attendez-moi ici un instant. Je me délivre d'eux, et je reviens. — Allons, Kalékairi, allons.

KALÉKAIRI.

Kalékairi ne veut pas dîner.

ROSEMBERG, à part.

Elle veut rester, la petite Éthiopienne!

Haut.

Comment, Mademoiselle, vous n'avez pas faim?

KALÉKAIRI.

Non, je ne veux pas. Ils vous ont placé une cloche, tout au haut d'une grosse tour, et, quand cette machine sonne, il faut que Kalékairi mange. Mais Kalékairi ne veut pas manger; Kalékairi n'a pas d'appétit.

BARBERINE, riant.

Viens, mon enfant, tu feras comme tu voudras, mais j'ai besoin de toi.

A part.

Je crois, en vérité, qu'elle serait capable de me surveiller moi-même.

SCÈNE IX

ROSEMBERG, seul.

Elle va revenir ! elle me dit de l'attendre pendant qu'elle va éloigner tout son monde ! Peut-elle me faire mieux entendre que je ne lui ai pas déplu ? Que dis-je ? n'est-ce pas m'avouer qu'elle m'aime ? n'est-ce pas là le plus piquant rendez-vous ?... Parbleu ! j'étais bien bon de me creuser la tête et de dépenser mon argent pour imiter ce sot de Jachimo ! C'est bien la peine de s'aller cacher, lorsque, pour vaincre, on n'a qu'à paraître ! Il est vrai que je ne m'attendais pas, en conscience, à me faire écouter si vite. O fortune ! quelle bénédiction ! non, je ne m'y attendais pas. Cette fière comtesse, ce riche enjeu ! tout cela gagné en si peu de temps ! Qu'il avait donc raison, ce cher Uladislas ! Je vais donc l'entendre me parler d'amour ! car ce sera son tour à présent, elle ! Barberine ! ô beauté ! ô joie ineffable ! Je ne saurais demeurer en repos ; il faut pourtant un peu de patience.

Il s'assoit.

En vérité, c'est une grande misère que cette fragilité des femmes. Conquise si vite ! est-ce que je l'aime ? Non, je ne l'aime pas. Fi donc ! trahir

ainsi un mari si plein de droiture et de confiance !
Céder au premier regard amoureux d'un inconnu !
que peut-on faire de cela ? J'ai autre chose en tête
que de rester ici. — Qui maintenant me résistera ?
Déjà je me vois arrivant à la cour, et traversant
d'un pas nonchalant les longues galeries. Les
courtisans s'écartent en silence, les femmes chuchotent ; le riche enjeu est sur la table, et la reine
a le sourire sur les lèvres. Quel coup de filet,
Rosemberg ! Ce que c'est pourtant que la fortune ! Quand je pense à ce qui m'arrive, il me
semble rêver. Non, il n'y a rien de tel que l'audace. — Il me semble que j'entends du bruit.
Quelqu'un monte l'escalier ; on s'approche, on
monte à petits pas. Ah ! comme mon cœur palpite !

Les fenêtres se ferment, et on entend au dehors le bruit de plusieurs verrous.

Qu'est-ce que cela veut dire ? Je suis enfermé.
On verrouille la porte en dehors. Sans doute,
c'est quelque précaution de Barberine : elle a peur
que pendant le dîner quelque domestique n'entre
ici. Elle aura envoyé sa camériste fermer sur moi
la porte, jusqu'à ce qu'elle puisse s'échapper ! Si
elle allait ne pas venir ! s'il arrivait un obstacle
imprévu ! Bon, elle me le ferait dire. Mais qui
marche ainsi dans le corridor ? On vient ici...
C'est Barberine, je reconnais son pas. Silence ! il

ne faut pas ici nous donner l'air d'un écolier. Je veux composer mon visage... celui à qui de pareilles choses arrivent n'en doit pas paraître étonné.

<small>Un guichet s'ouvre dans la muraille.</small>

<small>BARBERINE, en dehors, parlant par le guichet.</small>

Seigneur Rosemberg, comme vous n'êtes venu ici que pour commettre un vol, le plus odieux et le plus digne de châtiment, le vol de l'honneur d'une femme, et comme il est juste que la pénitence soit proportionnée au crime, vous êtes emprisonné comme un voleur. Il ne vous sera fait aucun mal, et les gens de votre suite continueront à être bien traités. Si vous voulez boire et manger, vous n'avez d'autre moyen que de faire comme ces vieilles femmes que vous n'aimez pas, c'est-à-dire de filer. Vous avez là, comme vous savez, une quenouille et un fuseau, et vous pouvez avoir l'assurance que l'ordinaire de vos repas sera scrupuleusement augmenté ou diminué, selon la quantité de fil que vous filerez.

<small>Elle ferme le guichet.</small>

<small>ROSEMBERG.</small>

Est-ce que je rêve? Holà! Barberine! holà! Jean! holà! Albert! Qu'est-ce que cela signifie? La porte est comme murée; on l'a fermée avec des barres de fer. — Les fenêtres sont grillées, et le guichet n'est pas plus grand que mon bonnet.

Holà! quelqu'un! ouvrez! ouvrez! ouvrez, c'est moi, Rosemberg, je suis enfermé ici. Ouvrez! qui vient m'ouvrir? Y a-t-il ici quelqu'un? Je prie qu'on m'ouvre, s'il vous plaît. Hé! le gardien, êtes-vous là? ouvrez-moi, Monsieur, je vous prie. Je veux faire signe par la croisée. Hé! compagnon, venez m'ouvrir; — il ne m'entend pas! — ouvrir, ouvrir, je suis enfermé. Cette chambre est au premier étage. — Mais qu'est-ce donc? on ne m'ouvrira pas!

BARBERINE, ouvrant le guichet.

Seigneur, ces cris ne servent de rien. Il commence à se faire tard; si vous voulez souper, il est temps de vous mettre à filer.

Elle ferme le guichet.

ROSEMBERG.

Hé! bon! c'est une plaisanterie. L'espiègle veut me piquer au jeu par ce joyeux tour de malice. On m'ouvrira dans un quart d'heure; je suis bien sot de m'inquiéter. Oui, sans doute, ce n'est qu'un jeu; mais il me semble qu'il est un peu fort, et tout cela pourrait me prêter un personnage ridicule. Hum! m'enfermer dans une tourelle! Traite-t-on aussi légèrement un homme de mon rang? — Fou que je suis! Cela prouve qu'elle m'aime! elle n'en agirait pas si familièrement avec moi, si la plus douce récompense ne m'attendait. Voilà qui est clair, on m'éprouve peut-être, on observe ma contenance. Pour les déconcerter un peu, il faut que je me mette à chanter gaiement.

Il chante.

> Quand le coq de bruyère
> Voit venir le chasseur,
> Holà! dans la clairière,
> Holà! landerira.
> Oh! le hardi compère!
> Franc chasseur, l'arme au poing,
> Holà! remplis ton verre,
> Holà! landerira.

KALÉKAIRI, ouvrant le guichet.

La maîtresse dit, puisque vous ne filez pas, que vous vous passerez sans doute de souper, et elle croit que vous n'avez pas faim; ainsi je vous souhaite une bonne nuit.

Elle ferme le guichet.

ROSEMBERG.

Kalékairi! écoute donc un peu! écoute donc! ma petite, viens me tenir compagnie!... Est-ce que je serais pris au piège? Voilà qui a l'air sérieux! Passer la nuit ici! sans souper! et justement j'ai une faim horrible! Combien de temps va-t-on donc me laisser ici? Assurément cela est sérieux. Mort et massacre! feu! sang! tonnerre! exécrable Barberine! misérable! infâme! bourreau! malédiction! Ah! malheureux que je suis! me voilà en prison. On va faire murer la porte! on me laissera mourir de faim ! c'est une vengeance du comte Ulric. Hélas ! hélas ! prenez pitié de moi !... Le comte Ulric veut ma mort, cela est certain ! sa femme exécute ses ordres. Pitié ! pitié ! je suis mort ! je suis perdu !... Je ne verrai plus jamais mon père, ma pauvre tante Béatrice ! hélas ! ah ! Dieu ! hélas ! c'en est fait de moi !... Barberine ! madame la comtesse ! ma chère demoiselle Kalékairi !... O rage ! ô feu et flammes ! oh ! si j'en sors jamais, ils périront tous de ma main ; je les accuserai devant la reine elle-même, comme bourreaux et empoisonneurs. Ah ! Dieu ! ah ! Ciel ! prenez pitié de moi !

BARBERINE, ouvrant le guichet.

Seigneur, avant de me coucher, je viens savoir si vous avez filé.

ROSEMBERG.

Non, je n'ai pas filé, je ne file point, je ne suis point une fileuse. Ah ! Barberine, vous me le payerez !

BARBERINE.

Seigneur, quand vous aurez filé, vous avertirez le soldat qui monte la garde à votre porte.

ROSEMBERG.

Ne vous en allez point, Comtesse. — Au nom du Ciel, écoutez-moi.

BARBERINE.

Filez, filez !

ROSEMBERG.

Non, par la mort ! non, par le sang ! je briserai cette quenouille. Non, je mourrais plutôt !

BARBERINE.

Adieu, Seigneur !

ROSEMBERG.

Encore un mot ! ne partez pas.

BARBERINE.

Que voulez-vous ?

ROSEMBERG.

Mais... mais... Comtesse... en vérité... je suis, je... ne sais pas filer. Comment voulez-vous que je file ?

BARBERINE.

Apprenez.
Elle ferme le guichet.

ROSEMBERG.

Non, jamais je ne filerai, quand le ciel devrait m'écraser ! Quelle cruauté raffinée ! Voyez donc cette Barberine ! elle était en déshabillé, elle va se mettre au lit à peine vêtue, en cornette, et plus jolie cent fois... Ah ! la nuit vient, dans une heure d'ici il ne fera plus clair.

Il s'assoit.

Ainsi, c'est décidé, il n'en faut pas douter. Non seulement je suis en prison, mais on veut m'avilir par le dernier des métiers. Si je ne file, ma mort est certaine. Ah ! la faim me talonne cruellement. Voilà six heures que je n'ai mangé ; pas une miette de pain depuis ce matin à déjeuner! Misérable Uladislas! puisses-tu mourir de faim pour tes conseils! Où diantre suis-je venu me fourrer? Que me suis-je mis dans la tête? J'avais bien affaire de ce comte Ulric et de sa bégueule de comtesse! Le beau voyage que je fais! J'avais de l'argent, des chevaux, tout était pour le mieux; je me serais diverti à la cour. Peste soit de l'entreprise! J'aurai perdu mon patrimoine, et j'aurai appris à filer!... Le jour baisse de plus en plus, et la faim augmente en proportion. Est-ce que je serais réduit à filer? Non, mille fois non! J'aimerais mieux mourir de faim comme un gentilhomme. Diable!... vraiment, si je ne file pas, il ne sera plus temps tout à l'heure.

Il se lève.

Comment est-ce donc fait, cette quenouille? Quelle machine diabolique est-ce là? Je n'y comprends rien. Comment s'y prend-on? Je vais tout briser. Que cela est entortillé! Oh! Dieu! j'y pense, elle me regarde; cela est sûr, je ne filerai pas.

UNE VOIX, au dehors.

Qui vive?

Le couvre-feu sonne.

ROSEMBERG.

Le couvre-feu sonne! Barberine va se coucher. Les lumières commencent à s'allumer. Les mulets passent sur la route, et les bestiaux rentrent des champs. Oh! Dieu! passer la nuit ainsi! là, dans cette prison! sans feu! sans lumière! sans souper! le froid! la faim! Hé! holà! compagnon, n'y a-t-il pas un soldat de garde?

BARBERINE, ouvrant le guichet.

Eh bien?

ROSEMBERG.

Je file! Comtesse, je file, faites-moi donner à souper.

SCÈNE X

ROSEMBERG, KALÉKAIRI.

KALÉKAIRI, entrant avec deux plats.

Voilà le souper. Il y a des concombres et une salade de laitue.

ROSEMBERG.

Bien obligé! tu servais d'espion, te voilà geôlière à présent! méchante Arabe que tu es! Pourquoi as-tu pris mes sequins?

KALÉKAIRI, mettant une bourse sur la table.

Maintenant, je puis vous les rendre.

ROSEMBERG.

Hé! je n'ai que faire d'argent en prison.

On entend le son des trompettes.

Qui arrive là? quel est ce bruit? J'entends un fracas de chevaux dans la cour.

KALÉKAIRI.
C'est la reine qui vient ici.
ROSEMBERG.
La reine, dis-tu?
KALÉKAIRI.
Et le comte Ulric aussi.
ROSEMBERG.
Le comte Ulric! la reine! ah! je suis perdu. Kalékairi, fais-moi sortir d'ici.
KALÉKAIRI.
Non, il faut que vous y restiez.
ROSEMBERG.
Je te donnerai autant de sequins que tu voudras, mais, de grâce, laisse-moi sortir. Dis à la sentinelle de me laisser passer.
KALÉKAIRI.
Non. — Pourquoi êtes-vous venu?
ROSEMBERG.
Ah! tu as bien raison. Où est la comtesse? Je veux lui demander grâce, ou plutôt l'accuser; oui, l'accuser devant la reine elle-même, car on n'enferme pas les gens de cette façon-là. Où est ta maîtresse?
KALÉKAIRI.
Sur le pas de sa porte, pour recevoir la reine.
ROSEMBERG.
Et que diantre la reine vient-elle faire ici?
KALÉKAIRI.
Kalékairi avait écrit.

ROSEMBERG.

A la reine?

KALÉKAIRI.

Non, au comte Ulric.

ROSEMBERG.

Et à propos de quoi?

KALÉKAIRI.

Pour qu'on vienne ici.

ROSEMBERG.

Et qu'on me trouve dans cette caverne?

KALÉKAIRI.

Non. — Kalékairi, quand elle a écrit, ne savait pas qu'on vous ferait filer.

ROSEMBERG.

Ah! c'est donc la comtesse toute seule à qui est venue cette gracieuse idée?

KALÉKAIRI.

Oui, et la comtesse ne savait pas que Kalékairi avait écrit, car la comtesse avait écrit aussi.

ROSEMBERG.

Elle a écrit aussi? c'est fort obligeant.

KALÉKAIRI.

Oui, pendant que vous criiez si fort. Elle allait voir, et puis elle revenait. Mais Kalékairi avait écrit longtemps auparavant. Kalékairi avait écrit dès que vous lui aviez parlé.

ROSEMBERG.

Ainsi, toi d'abord, et puis la comtesse! Deux dénonciations pour une! c'est à merveille; j'étais en bonnes mains. Ensorcelé par deux démons femelles!

LA SENTINELLE, sur le pas de la porte.

Seigneur, vous êtes libre. La reine va venir.

ROSEMBERG.

C'est fort heureux. Adieu, Kalékairi! Dis à ta maîtresse, de ma part, que je ne lui pardonnerai de ma vie, et, quant à toi, puissent toutes tes salades...

KALÉKAIRI.

Vous avez bien tort, car ma maîtresse a dit qu'elle vous trouvait très gentil, oui, et que vous ne pouviez manquer de plaire à beaucoup de dames à la cour, mais que pour cette maison ce n'était pas l'endroit.

ROSEMBERG.

En vérité! elle a dit cela? Eh bien! Kalékairi, je crois que je lui pardonne. Et pour toi, si tu veux être discrète...

KALÉKAIRI.

Oh! non.

ROSEMBERG.

Comment! tu te vantais ce matin...

KALÉKAIRI.

C'était pour mieux savoir ce soir. Voici la reine avec tout le monde.

ROSEMBERG.

Ah! je suis pris.

SCÈNE XI

LES PRÉCÉDENTS, LA REINE, ULRIC, BARBERINE, Courtisans, etc.

LA REINE, à Barberine.

Oui, Comtesse, nous avons voulu venir nous-même vous rendre visite.

BARBERINE.

Notre pauvre maison, Madame, n'est pas digne de vous recevoir.

LA REINE.

Je tiens à honneur d'y être reçue.

A Rosemberg.

Eh bien ! Rosemberg, ton pari ?

ROSEMBERG.

Il est perdu, Madame, comme vous voyez.

KALÉKAIRI, bas à Rosemberg.

Oui, bien perdu.

LA REINE.

Es-tu content de ton voyage ? Comment trouves-tu ce château ? Tu n'oublieras pas, je l'espère, l'hospitalité qu'on y reçoit ?

ROSEMBERG.

Je ne manquerai pas de m'en souvenir, Madame, toutes les fois que je ferai quelque sottise.

KALÉKAIRI, bas à Rosemberg.

Ce sera souvent.

LA REINE.

Il est fâcheux que celle-ci te coûte un peu cher.

BARBERINE.

Madame, si Votre Majesté daigne m'accorder une grâce, je lui demande de consentir à ce que ce pari soit oublié.

ULRIC.

Je le demande aussi, Madame. Si j'avais douté du cœur de ma femme, je pourrais profiter de cette gageure, et me faire payer mon souci; mais, en conscience, je n'ai rien gagné. Voici tout le prix que j'en veux avoir.

Il donne à sa femme une poignée de main.

ROSEMBERG, à part.

Par mon patron, voilà un digne homme.

KALÉKAIRI, bas à Rosemberg.

Vous êtes guéri, n'est-ce pas?

LA REINE.

Que cela vous plaise ainsi, je le veux bien. Mais notre parole royale est engagée, et nous ne saurions oublier que nous nous sommes portée pour témoin de la querelle. Ainsi, Rosemberg, tu payeras.

ROSEMBERG.

Madame, l'argent est tout prêt.

KALÉKAIRI, bas à Rosemberg.

Que dira votre tante Béatrice?

LA REINE.

Mais vous comprenez, Comte Ulric, que, si notre justice ordonne que le prix de votre gageure vous soit remis, notre pouvoir ne va pas si loin que de vous contraindre à l'accepter. — Ainsi, Rosemberg, là-dessus tu feras ta cour à la comtesse.

ROSEMBERG.

De tout mon cœur, Madame, et s'il se pouvait...

LA REINE.

Un instant! nous avons appris de la bouche même de la comtesse le succès de cette aventure; mais ces messieurs ne la connaissent pas, et il est juste qu'ils en soient instruits, ayant assisté, comme nous, aux débuts de cette entreprise. Voici deux lettres qui en parlent : Rosemberg, tu vas nous les lire.

BARBERINE.

Ah! Madame!

LA REINE.

Êtes-vous si généreuse? Eh bien! je les lirai moi-même. En voici une d'abord, adressée au comte, et qui n'est pas longue, car elle ne contient qu'un mot : *Venez*. Signé : KALÉKAIRI. Qui a écrit cela?

KALÉKAIRI.

C'est moi, Madame.

LA REINE.

Tu as peu et bien dit, c'est un talent rare. Maintenant, Messieurs, voici l'autre.

Elle lit.

Mon très cher et honoré mari,

Nous venons d'avoir au château la visite du jeune baron de Rosemberg, qui s'est dit votre ami et envoyé par vous. Bien qu'un secret de cette nature soit ordinairement gardé par une femme avec justice, je vous dirai toutefois qu'il m'a parlé d'amour. J'espère qu'à ma prière et recommandation vous n'en tirerez aucune vengeance, et que vous n'en concevrez aucune haine contre lui. C'est un jeune homme de bonne famille, et point méchant. Il ne lui manquait que de savoir filer, et c'est ce que je vais lui apprendre. Si vous avez occasion de voir son père à la cour, dites-lui qu'il n'en soit point inquiet. Il est dans notre grand'salle, au premier étage, où il a une quenouille avec un fuseau, et il file, ou va filer. Vous trouverez extraordinaire que j'aie choisi pour lui cette occupation; mais, comme j'ai reconnu qu'avec de bonnes qualités il ne manquait que de réflexion, j'ai pensé que c'était pour le mieux de lui apprendre ce métier, qui lui permettra de réfléchir à son aise, en même temps qu'il peut lui faire gagner sa vie. Vous savez que votre grand'salle est close de verrous fort solides: je lui ai dit de m'y attendre, et je l'ai enfermé. Il y a au mur un guichet fort commode, par lequel on lui passera sa nourriture, ce qui fait que je ne doute pas qu'il ne sorte d'ici avec beaucoup d'avantage, et qu'en outre, si dans le cours de sa vie quelque malheur venait à l'atteindre, il ne se félicite d'avoir entre les mains un gagne-pain assuré pour ses jours.

Je vous salue, vous aime et vous embrasse.

BARBERINE.

Si vous riez de cette lettre, Seigneurs chevaliers, Dieu garde vos femmes de malencontre ! Il n'y a rien de si sérieux que l'honneur. Comte Ulric, jusqu'à demain nous voulons rester votre hôtesse, et nous entendons qu'on publie que nous avons fait le voyage exprès, suivie de toute notre cour, afin qu'on sache que le toit sous lequel habite une honnête femme est aussi saint lieu que l'église, et que les rois quittent leurs palais pour les maisons qui sont à Dieu.

LE CHANDELIER

COMÉDIE EN TROIS ACTES

Publiée en 1835, représentée en 1848.

PERSONNAGES

MAITRE ANDRÉ, notaire.
JACQUELINE, sa femme.
CLAVAROCHE, officier de dragons.
FORTUNIO,
GUILLAUME, } clercs.
LANDRY,
Une Servante.
Un Jardinier.

Une petite ville.

LE CHANDELIER
(Acte I, Scène II)

LE CHANDELIER

ACTE PREMIER

SCÈNE PREMIÈRE

Une chambre à coucher.

JACQUELINE, dans son lit. Entre MAITRE ANDRÉ, en robe de chambre.

MAITRE ANDRÉ.

Holà! ma femme! hé! Jacqueline! hé! holà! Jacqueline! ma femme! La peste soit de l'endormie! Hé, hé! ma femme, éveillez-vous! Holà! holà! levez-vous, Jacqueline. — Comme elle dort! Holà! holà! holà! hé, hé, hé! ma femme, ma femme, ma femme! c'est moi, André, votre mari, qui ai à vous parler de choses sérieuses. Hé, hé! pstt, pstt! hem! brum, brum! pstt! Jacqueline, êtes-vous morte? Si vous ne vous éveillez tout à l'heure, je vous coiffe du pot à l'eau.

JACQUELINE.

Qu'est-ce que c'est, mon bon ami?

MAITRE ANDRÉ.

Vertu de ma vie! ce n'est pas malheureux. Finirez-vous de vous tirer les bras? c'est affaire à vous de dormir. Écoutez-moi, j'ai à vous parler. Hier au soir, Landry, mon clerc...

JACQUELINE.

Eh mais, mon Dieu! il ne fait pas jour. Devenez-vous fou, maître André, de m'éveiller ainsi sans raison? De grâce, allez vous recoucher. Est-ce que vous êtes malade?

MAITRE ANDRÉ.

Je ne suis ni fou ni malade, et vous éveille à bon escient. J'ai à vous parler maintenant; songez d'abord à m'écouter, et ensuite à me répondre. Voilà ce qui est arrivé à Landry, mon clerc; vous le connaissez bien...

JACQUELINE.

Quelle heure est-il donc, s'il vous plaît?

MAITRE ANDRÉ.

Il est six heures du matin. Faites attention à ce que je vous dis; il ne s'agit de rien de plaisant, et je n'ai pas sujet de rire. Mon honneur, Madame, le vôtre, et notre vie peut-être à tous deux, dépendent de l'explication que je vais avoir avec vous. Landry, mon clerc, a vu, cette nuit...

JACQUELINE.

Mais, maître André, si vous êtes malade, il fallait m'avertir tantôt. N'est-ce pas à moi, mon cher cœur, de vous soigner et de vous veiller?

MAITRE ANDRÉ.

Je me porte bien, vous dis-je. Êtes-vous d'humeur à m'écouter?

JACQUELINE.

Eh! mon Dieu! vous me faites peur; est-ce qu'on nous aurait volés?

MAITRE ANDRÉ.

Non, on ne nous a pas volés. Mettez-vous là, sur votre séant, et écoutez de vos deux oreilles. Landry, mon clerc, vient de m'éveiller pour me remettre certain travail qu'il s'était chargé de finir cette nuit. Comme il était dans mon étude...

JACQUELINE.

Ah! sainte Vierge! j'en suis sûre, vous aurez eu quelque querelle à ce café où vous allez.

MAITRE ANDRÉ.

Non, non, je n'ai point eu de querelle, et il ne m'est rien arrivé. Ne voulez-vous pas m'écouter? Je vous dis que Landry, mon clerc, a vu un homme cette nuit se glisser par votre fenêtre.

JACQUELINE.

Je devine à votre visage que vous avez perdu au jeu.

MAITRE ANDRÉ.

Ah çà! ma femme, êtes-vous sourde? Vous avez un amant, Madame; cela est-il clair? Vous me trompez. Un homme, cette nuit, a escaladé nos murailles. Qu'est-ce que cela signifie?

JACQUELINE.

Faites-moi le plaisir d'ouvrir le volet.

MAITRE ANDRÉ.

Le voilà ouvert; vous bâillerez après dîner; Dieu merci, vous n'y manquez guère. Prenez garde à vous, Jacqueline! Je suis un homme d'humeur paisible, et qui ai pris grand soin de vous. J'étais l'ami de votre père, et vous êtes ma fille presque autant que ma femme. J'ai résolu, en venant ici, de vous traiter avec douceur; et vous voyez que je le fais, puisque, avant de vous condamner, je veux m'en rapporter à vous, et vous donner sujet de vous défendre et de vous expliquer catégoriquement. Si vous refusez, prenez garde. Il y a garnison dans la ville, et vous voyez, Dieu me pardonne! bonne quantité de hussards. Votre silence peut confirmer des doutes que je nourris depuis longtemps.

JACQUELINE.

Ah! maître André, vous ne m'aimez plus. C'est vainement que vous dissimulez par des paroles bienveillantes la mortelle froideur qui a remplacé tant d'amour. Il n'en eût pas été ainsi jadis; vous ne parliez pas de ce ton; ce n'est pas alors sur un mot que vous m'eussiez condamnée sans m'entendre. Deux ans de paix, d'amour et de bonheur, ne se seraient pas, sur un mot, évanouis comme des ombres. Mais quoi! la jalousie vous pousse; depuis longtemps la froide indifférence lui a ouvert la porte de votre cœur. De quoi servirait l'évidence? l'innocence même aurait tort devant vous. Vous ne m'aimez plus puisque vous m'accusez.

MAITRE ANDRÉ.

Voilà qui est bon, Jacqueline; il ne s'agit pas de cela. Landry, mon clerc, a vu un homme...

JACQUELINE.

Eh! mon Dieu! j'ai bien entendu. Me prenez-vous pour une brute, de me rebattre ainsi la tête? C'est une fatigue qui n'est pas supportable.

MAITRE ANDRÉ.

A quoi tient-il que vous ne répondiez?

JACQUELINE, pleurant.

Seigneur mon Dieu, que je suis malheureuse! Qu'est-ce que je vais devenir? Je le vois bien, vous avez résolu ma mort, vous ferez de moi ce qui vous plaira; vous êtes homme, et je suis femme; la force est de votre côté. Je suis résignée; je m'y attendais; vous saisissez le premier prétexte pour justifier votre violence. Je n'ai plus qu'à partir d'ici; je m'en irai avec ma fille dans un couvent, dans un désert, s'il est possible; j'y emporterai avec moi, j'y ensevelirai dans mon cœur le souvenir du temps qui n'est plus.

MAITRE ANDRÉ.

Ma femme, ma femme ! pour l'amour de Dieu et des saints, est-ce que vous vous moquez de moi ?

JACQUELINE.

Ah çà ! tout de bon, maître André, est-ce sérieux ce que vous dites ?

MAITRE ANDRÉ.

Si ce que je dis est sérieux ? Jour de Dieu ! la patience m'échappe, et je ne sais à quoi il tient que je ne vous mène en justice.

JACQUELINE.

Vous, en justice ?

MAITRE ANDRÉ.

Moi, en justice ; il y a de quoi faire damner un homme d'avoir affaire à une telle mule ; je n'avais jamais ouï dire qu'on pût être aussi entêté.

JACQUELINE, sautant à bas du lit.

Vous avez vu un homme entrer par la fenêtre ? l'avez-vous vu, Monsieur, oui ou non ?

MAITRE ANDRÉ.

Je ne l'ai pas vu de mes yeux.

JACQUELINE.

Vous ne l'avez pas vu de vos yeux, et vous voulez me mener en justice ?

MAITRE ANDRÉ.

Oui, par le Ciel ! si vous ne répondez.

JACQUELINE.

Savez-vous une chose, maître André, que ma grand'mère a apprise de la sienne? Quand un mari se fie à sa femme, il garde pour lui les mauvais propos, et, quand il est sûr de son fait, il n'a que faire de la consulter. Quand on a des doutes, on les lève; quand on manque de preuves, on se tait; et, quand on ne peut pas démontrer qu'on a raison, on a tort. Allons! venez, sortons d'ici.

MAITRE ANDRÉ.

C'est donc ainsi que vous le prenez?

JACQUELINE.

Oui, c'est ainsi; marchez, je vous suis.

MAITRE ANDRÉ.

Et où veux-tu que j'aille à cette heure?

JACQUELINE.

En justice.

MAITRE ANDRÉ.

Mais, Jacqueline...

JACQUELINE.

Marchez, marchez; quand on menace, il ne faut pas menacer en vain.

MAITRE ANDRÉ.

Allons, voyons! calme-toi un peu.

JACQUELINE.

Non; vous voulez me mener en justice, et j'y veux aller de ce pas.

MAITRE ANDRÉ.

Que diras-tu pour ta défense? dis-le-moi aussi bien maintenant.

JACQUELINE.

Non, je ne veux rien dire ici.

MAITRE ANDRÉ.

Pourquoi ?

JACQUELINE.

Parce que je veux aller en justice.

MAITRE ANDRÉ.

Vous êtes capable de me rendre fou, et il me semble que je rêve. Éternel Dieu, créateur du monde! je m'en vais faire une maladie. Comment? quoi? cela est possible? J'étais dans mon lit; je dormais, et je prends les murs à témoin que c'était de toute mon âme. Landry, mon clerc, un enfant de seize ans, qui de sa vie n'a médit de personne, le plus candide garçon du monde, qui venait de passer la nuit à copier un inventaire, voit entrer un homme par la fenêtre; il me le dit, je prends ma robe de chambre, je viens vous trouver en ami, je vous demande pour toute grâce de m'expliquer ce que cela signifie, et vous me dites des injures! vous me traitez de furieux, jusqu'à vous élancer du lit et à me saisir à la gorge! Non, cela passe toute idée; je serai hors d'état pour huit jours de faire une addition qui ait le sens commun. Jacqueline, ma petite femme! c'est vous qui me traitez ainsi!

JACQUELINE.

Allez, allez ! vous êtes un pauvre homme.

MAITRE ANDRÉ.

Mais enfin, ma chère petite, qu'est-ce que cela te fait de me répondre? Crois-tu que je puisse penser que tu me trompes réellement? Hélas, mon Dieu ! un mot te suffit : pourquoi ne veux-tu pas le dire? C'était peut-être quelque voleur qui se glissait par notre fenêtre ; ce quartier-ci n'est pas des plus sûrs, et nous ferions bien d'en changer. Tous ces soldats me déplaisent fort, ma toute belle, mon bijou chéri. Quand nous allons à la promenade, au spectacle, au bal, et jusque chez nous, ces gens-là ne nous quittent pas ; je ne saurais te dire un mot de près sans me heurter à leurs épaulettes, et sans qu'un grand sabre crochu ne s'embarrasse dans mes jambes. Qui sait si leur impertinence ne pourrait aller jusqu'à escalader nos fenêtres? Tu n'en sais rien, je le vois bien ; ce n'est pas toi qui les encourages ; ces vilaines gens sont capables de tout. Allons, voyons ! donne la main ; est-ce que tu m'en veux, Jacqueline ?

JACQUELINE.

Assurément, je vous en veux. Me menacer d'aller en justice ! Lorsque ma mère le saura, elle vous fera bon visage !

MAITRE ANDRÉ.

Eh ! mon enfant, ne le lui dis pas. A quoi bon faire part aux autres de nos petites brouilleries?

ce sont quelques légers nuages qui passent un instant dans le ciel, pour le laisser plus tranquille et plus pur.

JACQUELINE.

A la bonne heure! Touchez là.

MAITRE ANDRÉ.

Est-ce que je ne sais pas que tu m'aimes? Est-ce que je n'ai pas en toi la plus aveugle confiance? Est-ce que depuis deux ans tu ne m'as pas donné toutes les preuves de la terre que tu es toute à moi, Jacqueline? Cette fenêtre, dont parle Landry, ne donne pas tout à'fait dans ta chambre; en traversant le péristyle, on va par là au potager; je ne serais pas étonné que notre voisin, maître Pierre, ne vînt braconner dans mes espaliers. Va, va! Je ferai mettre notre jardinier ce soir en sentinelle, et le piège à loup dans l'allée; nous rirons demain tous les deux.

JACQUELINE.

Je tombe de fatigue, et vous m'avez éveillée bien mal à propos.

MAITRE ANDRÉ.

Recouche-toi, ma chère petite, je m'en vais. Je te laisse ici. Allons! adieu, n'y pensons plus. Tu le vois, mon enfant, je ne fais pas la moindre recherche dans ton appartement; je n'ai pas ouvert une armoire; je t'en crois sur parole. Il me semble que je t'en aime cent fois plus de t'avoir soupçonnée à tort et de te savoir innocente. Tantôt je réparerai tout cela; nous irons à la campagne et je te ferai un cadeau. Adieu, adieu, je te reverrai.

<small>Il sort. — Jacqueline, seule, ouvre une armoire; on y aperçoit accroupi le capitaine Clavaroche.</small>

CLAVAROCHE, sortant de l'armoire.

Ouf!

JACQUELINE.

Vite, sortez! mon mari est jaloux; on vous a vu, mais non reconnu; vous ne pouvez pas revenir ici. Comment étiez-vous là dedans?

CLAVAROCHE.

A merveille.

JACQUELINE.

Nous n'avons pas de temps à perdre; qu'allons-nous faire? Il faut nous voir et échapper à tous les yeux. Quel parti prendre? le jardinier y sera ce soir; je ne suis pas sûre de ma femme de chambre; d'aller ailleurs, impossible ici : tout est à jour dans une petite ville. Vous êtes couvert de poussière, et il me semble que vous boitez.

CLAVAROCHE.

J'ai le genou et la tête brisés. La poignée de mon sabre m'est entrée dans les côtes. Pouah! c'est à croire que je sors d'un moulin.

JACQUELINE.

Brûlez mes lettres en rentrant chez vous. Si on les trouvait, je serais perdue; ma mère me mettrait au couvent. Landry, un clerc, vous a vu passer;

il me le payera. Que faire? quel moyen? répondez! Vous êtes pâle comme la mort.

CLAVAROCHE.

J'avais une position fausse quand vous avez poussé le battant, en sorte que je me suis trouvé, une heure durant, comme une curiosité d'histoire naturelle dans un bocal d'esprit-de-vin.

JACQUELINE.

Eh bien! voyons! que ferons-nous?

CLAVAROCHE.

Bon! il n'y a rien de si facile.

JACQUELINE.

Mais encore?

CLAVAROCHE.

Je n'en sais rien; mais rien n'est plus aisé. M'en croyez-vous à ma première affaire? Je suis rompu; donnez-moi un verre d'eau.

JACQUELINE.

Je crois que le meilleur parti serait de nous voir à la ferme.

CLAVAROCHE.

Que ces maris, quand ils s'éveillent, sont d'incommodes animaux! Voilà un uniforme dans un joli état, et je serai beau à la parade!

Il boit.

Avez-vous une brosse ici? Le diable m'emporte! avec cette poussière, il m'a fallu un courage d'enfer pour m'empêcher d'éternuer.

JACQUELINE.

Voilà ma toilette, prenez ce qu'il vous faut.

CLAVAROCHE, se brossant la tête.

A quoi bon aller à la ferme? Votre mari est, à tout prendre, d'assez douce composition. Est-ce que c'est une habitude que ces apparitions nocturnes?

JACQUELINE.

Non, Dieu merci! J'en suis encore tremblante. Mais songez donc qu'avec les idées qu'il a maintenant dans la tête, tous les soupçons vont tomber sur vous.

CLAVAROCHE.

Pourquoi sur moi?

JACQUELINE.

Pourquoi? Mais... je ne sais... il me semble que cela doit être. Tenez! Clavaroche, la vérité est une chose étrange, elle a quelque chose des spectres : on la pressent sans la toucher.

CLAVAROCHE, ajustant son uniforme.

Bah! ce sont les grands parents et les juges de paix qui disent que tout se sait. Ils ont pour cela une bonne raison, c'est que tout ce qui ne se sait pas s'ignore, et par conséquent n'existe pas. J'ai l'air de dire une bêtise; réfléchissez, vous verrez que c'est vrai.

JACQUELINE.

Tout ce que vous voudrez. Les mains me tremblent, et j'ai une peur qui est pire que le mal.

CLAVAROCHE.

Patience, nous arrangerons cela.

JACQUELINE.

Comment? Partez, voilà le jour.

CLAVAROCHE.

Eh! bon Dieu! quelle tête folle! Vous êtes jolie comme un ange avec vos grands airs effarés. Voyons un peu, mettez-vous là et raisonnons de nos affaires. Me voilà presque présentable, et ce désordre réparé. La cruelle armoire que vous avez là! il ne fait pas bon être de vos nippes.

JACQUELINE.

Ne riez donc pas, vous me faites frémir.

CLAVAROCHE.

Eh bien! ma chère, écoutez-moi, je vais vous dire mes principes. Quand on rencontre sur sa route l'espèce de bête malfaisante qui s'appelle un mari jaloux...

JACQUELINE.

Ah! Clavaroche, par égard pour moi!

CLAVAROCHE.

Je vous ai choquée?

Il l'embrasse.

JACQUELINE.

Au moins, parlez plus bas.

CLAVAROCHE.

Il y a trois moyens certains d'éviter tout inconvénient. Le premier, c'est de se quitter; mais celui-là, nous n'en voulons guère.

JACQUELINE.

Vous me ferez mourir de peur.

CLAVAROCHE.

Le second, le meilleur incontestablement, c'est de n'y pas prendre garde, et au besoin...

JACQUELINE.

Eh bien?

CLAVAROCHE.

Non, celui-là ne vaut rien non plus; vous avez un mari de plume; il faut garder l'épée au fourreau. Reste donc alors le troisième : c'est de trouver un *chandelier*.

JACQUELINE.

Un chandelier? Qu'est-ce que vous voulez dire?

CLAVAROCHE.

Nous appelions ainsi, au régiment, un grand garçon de bonne mine qui est chargé de porter un châle ou un parapluie au besoin; qui, lorsqu'une femme se lève pour danser, va gravement s'asseoir sur sa chaise et la suit dans la foule d'un œil mélancolique, en jouant avec son éventail; qui lui donne la main pour sortir de sa loge, et pose avec fierté sur la console voisine le verre où elle vient de boire; l'accompagne à la promenade; lui fait la lecture le soir; bourdonne sans cesse autour d'elle; assiège son oreille d'une pluie de fadaises. Admire-t-on la dame, il se rengorge, et, si on l'insulte, il se bat. Un coussin manque à la causeuse, c'est lui qui court, se précipite, et va le chercher là où il est : car il connaît la maison et les êtres, il fait partie du mobilier et traverse les corridors sans lumière. Il joue le soir avec les tantes au reversi et au piquet. Comme il circonvient le mari, en politique habile et empressé, il s'est bientôt fait prendre en grippe. Y a-t-il fête quelque part où la belle ait envie d'aller : il s'est rasé au point du jour, il est depuis midi sur la place ou sur la chaussée, et il a marqué les chaises avec ses gants. Demandez-lui pourquoi il s'est fait ombre, il n'en sait rien et n'en peut rien dire. Ce n'est pas que parfois la dame ne l'encourage d'un sourire, et ne lui abandonne en valsant le bout de ses doigts, qu'il serre avec amour; il est comme ces grands seigneurs qui ont une charge honoraire et les entrées aux jours de gala; mais le cabinet leur est clos; ce ne sont pas leurs affaires. En un mot, sa faveur expire là où commencent les véritables; il a tout ce qu'on voit des femmes, et rien de ce qu'on en désire. Derrière ce mannequin commode se cache le mystère heureux; il sert de paravent à tout ce qui se passe sous le manteau de la cheminée. Si le mari est jaloux, c'est de lui; tient-on des propos, c'est sur son compte, c'est lui qu'on mettra à la porte un beau matin que les valets auront entendu marcher la nuit dans l'appartement de madame; c'est lui qu'on épie en secret; ses lettres, pleines de respect et de tendresse, sont décachetées par la belle-mère ; il va, il vient, il s'inquiète, on le laisse ramer, c'est son œuvre ; moyennant quoi, l'amant discret et la très innocente amie, couverts d'un voile impénétrable, se rient de lui et des curieux.

JACQUELINE.

Je ne puis m'empêcher de rire, malgré le peu d'envie que j'en ai. Et pourquoi à ce personnage ce nom baroque de *chandelier?*

CLAVAROCHE.

Eh mais! c'est que c'est lui qui porte la...

JACQUELINE.

C'est bon, c'est bon, je vous comprends.

CLAVAROCHE.

Voyez, ma chère : parmi vos amis, n'auriez-vous point quelque bonne âme capable de remplir ce rôle important, qui, de bonne foi, n'est pas sans douceur? Cherchez, voyez, pensez à cela.

Il regarde à sa montre.

Sept heures! il faut que je vous quitte. Je suis de semaine aujourd'hui.

JACQUELINE.

Mais, Clavaroche, en vérité, je ne connais ici personne; et puis c'est une tromperie dont je n'aurais pas le courage. Quoi! encourager un jeune homme, l'attirer à soi, le laisser espérer, le rendre peut-être amoureux tout de bon, et se jouer de ce qu'il peut souffrir? c'est une rouerie que vous me proposez.

CLAVAROCHE.

Aimez-vous mieux que je vous perde? et, dans l'embarras où nous sommes, ne voyez-vous pas qu'à tout prix il faut détourner les soupçons?

JACQUELINE.

Pourquoi les faire tomber sur un autre?

CLAVAROCHE.

Eh! pour qu'ils tombent. Les soupçons, ma chère, les soupçons d'un mari jaloux ne sauraient planer dans l'espace; ce ne sont pas des hirondelles. Il faut qu'ils se posent tôt ou tard, et le plus sûr est de leur faire un nid.

JACQUELINE.

Non, décidément, je ne puis. Ne faudrait-il pas pour cela me compromettre très réellement?

CLAVAROCHE.

Plaisantez-vous? Est-ce que, le jour des preuves, vous n'êtes pas toujours à même de démontrer votre innocence? Un amoureux n'est pas un amant!

JACQUELINE.

Eh bien!... mais le temps presse. Qui voulez-vous?... Désignez-moi quelqu'un.

CLAVAROCHE, à la fenêtre.

Tenez! voilà, dans votre cour, trois jeunes gens assis au pied d'un arbre; ce sont les clercs de votre mari. Je vous laisse le choix entre eux; quand je reviendrai, qu'il y en ait un amoureux fou de vous.

JACQUELINE.

Comment cela serait-il possible? Je ne leur ai jamais dit un mot.

CLAVAROCHE.

Est-ce que tu n'es pas fille d'Ève? Allons! Jacqueline, consentez.

JACQUELINE.

N'y comptez pas; je n'en ferai rien.

CLAVAROCHE.

Touchez là; je vous remercie. Adieu, la très craintive blonde; vous êtes fine, jeune et jolie, amoureuse... un peu, n'est-il pas vrai, Madame? A l'ouvrage! un coup de filet!

JACQUELINE.

Vous êtes hardi, Clavaroche.

CLAVAROCHE.

Fier et hardi : fier de vous plaire, et hardi pour vous conserver.

Il sort.

SCÈNE II

Un petit jardin.

FORTUNIO, LANDRY et GUILLAUME, assis.

FORTUNIO.

Vraiment, cela est singulier, et cette aventure est étrange.

LANDRY.

N'allez pas en jaser, au moins; vous me feriez mettre dehors.

FORTUNIO.

Bien étrange et bien admirable. Oui, quel qu'il soit, c'est un homme heureux.

LANDRY.

Promettez-moi de n'en rien dire; maître André me l'a fait jurer.

GUILLAUME.

De son prochain, du roi et des femmes, il n'en faut pas souffler le mot.

FORTUNIO.

Que de pareilles choses existent, cela me fait bondir le cœur. Vraiment, Landry, tu as vu cela?

LANDRY.

C'est bon; qu'il n'en soit plus question.

FORTUNIO.

Tu as entendu marcher doucement?

LANDRY.

A pas de loup, derrière le mur.

FORTUNIO.

Craquer doucement la fenêtre?

LANDRY.

Comme un grain de sable sous le pied.

FORTUNIO.

Puis sur le mur, l'ombre d'un homme, quand il a franchi la poterne?

LANDRY.

Comme un spectre dans son manteau.

FORTUNIO.

Et une main derrière le volet ?

LANDRY.

Tremblante comme la feuille.

FORTUNIO.

Une lueur dans la galerie, puis un baiser, puis quelques pas lointains ?

LANDRY.

Puis le silence, les rideaux qui se tirent, et la lueur qui disparaît.

FORTUNIO.

Si j'avais été à ta place, je serais resté jusqu'au jour.

GUILLAUME.

Est-ce que tu es amoureux de Jacqueline ? Tu aurais fait là un joli métier !

FORTUNIO.

Je jure devant Dieu, Guillaume, qu'en présence de Jacqueline je n'ai jamais levé les yeux. Pas même en songe, je n'oserais l'aimer. Je l'ai rencontrée au bal une fois; ma main n'a pas touché la sienne, ses lèvres ne m'ont jamais parlé. De ce qu'elle fait ou de ce qu'elle pense, je n'en ai de ma vie rien su, sinon qu'elle se promène ici l'après-midi, et que j'ai soufflé sur nos vitres pour la voir marcher dans l'allée.

GUILLAUME.

Si tu n'es pas amoureux d'elle, pourquoi dis-tu que tu serais resté ? Il n'y avait rien de mieux à faire que ce qu'a fait justement Landry : aller conter nettement la chose à maître André, notre patron.

FORTUNIO.

Landry a fait comme il lui a plu. Que Roméo possède Juliette ! je voudrais être l'oiseau matinal qui les avertit du danger.

GUILLAUME.

Te voilà bien avec tes fredaines ! Quel bien cela peut-il te faire que Jacqueline ait un amant ? C'est quelque officier de la garnison.

FORTUNIO.

J'aurais voulu être dans l'étude ; j'aurais voulu voir tout cela.

GUILLAUME.

Dieu soit béni ! c'est notre libraire qui t'empoisonne avec ses romans. Que te revient-il de ce conte ? D'être Gros-Jean comme devant. N'espères-tu pas, par hasard, que tu pourras avoir ton tour ? Eh oui, sans doute, Monsieur se figure qu'on pensera quelque jour à lui. Pauvre garçon ! tu ne connais guère nos belles dames de province. Nous autres, avec nos habits noirs, nous ne sommes que du fretin, bon tout au plus pour les couturières. Elles ne tâtent que du pantalon rouge, et, une fois qu'elles y ont mordu, qu'importe que la garnison change! Tous les militaires se ressemblent; qui en aime un en aime cent. Il n'y a que le revers de l'habit qui change, et qui de jaune devient vert ou blanc. Du reste, ne retrouvent-elles pas la moustache retroussée de même, la même allure de corps de garde, le même langage et le même plaisir? Ils sont tous faits sur un modèle; à la rigueur, elles peuvent s'y tromper.

FORTUNIO.

Il n'y a pas à causer avec toi: tu passes tes fêtes et dimanches à regarder des joueurs de boule.

GUILLAUME.

Et toi, tout seul à ta fenêtre, le nez fourré dans tes giroflées. Voyez la belle différence! Avec tes idées romanesques tu deviendras fou à lier. Allons! rentrons; à quoi penses-tu? il est l'heure de travailler.

FORTUNIO.

Je voudrais bien avoir été avec Landry cette nuit dans l'étude.

Ils sortent. Entrent Jacqueline et sa servante.

JACQUELINE.

Nos prunes seront belles cette année et nos espaliers ont bonne mine. Viens donc un peu de ce côté-ci, et asseyons-nous sur ce banc.

LA SERVANTE.

C'est donc que Madame ne craint pas l'air, car il ne fait pas chaud ce matin.

JACQUELINE.

En vérité, depuis deux ans que j'habite cette maison, je ne crois pas être venue deux fois dans cette partie du jardin. Regarde donc ce pied de chèvrefeuille. Voilà des treillis bien plantés pour faire grimper les clématites.

LA SERVANTE.

Avec cela que Madame n'est pas couverte ; elle a voulu descendre en cheveux.

JACQUELINE.

Dis-moi, puisque te voilà : qu'est-ce que c'est donc que ces jeunes gens qui sont là dans la salle basse ? Est-ce que je me trompe ? je crois qu'ils nous regardent ; ils étaient tout à l'heure ici.

LA SERVANTE.

Madame ne les connaît donc pas ? Ce sont les clercs de maître André.

JACQUELINE.

Ah ! est-ce que tu les connais, toi, Madelon ? Tu as l'air de rougir en disant cela.

LA SERVANTE.

Moi, Madame ! pourquoi donc faire ? Je les connais de les voir tous les jours ; et encore je dis tous les jours... Je n'en sais rien, si je les connais.

JACQUELINE.

Allons ! avoue que tu as rougi. Et au fait, pourquoi t'en défendre ? Autant que je puis en juger d'ici, ces garçons ne sont pas si mal. Voyons ! lequel préfères-tu ? fais-moi un peu tes confidences.

Tu es belle fille, Madelon; que ces jeunes gens te fassent la cour, qu'y a-t-il de mal à cela?

LA SERVANTE.

Je ne dis pas qu'il y ait du mal; ces jeunes gens ne manquent pas de bien, et leurs familles sont honorables. Il y a là un petit blond : les grisettes de la Grand'Rue ne font pas fi de son coup de chapeau.

JACQUELINE, s'approchant de la maison.

Qui? celui-là avec sa moustache?

LA SERVANTE.

Oh! que non. C'est M. Landry, un grand flandrin qui ne sait que dire.

JACQUELINE.

C'est donc cet autre qui écrit?

LA SERVANTE.

Nenni, nenni; c'est M. Guillaume, un honnête garçon bien rangé; mais ses cheveux ne frisent guère, et ça fait pitié, le dimanche, quand il veut se mettre à danser.

JACQUELINE.

De qui veux-tu donc parler? Je ne crois pas qu'il y en ait d'autres que ceux-là dans l'étude.

LA SERVANTE.

Vous ne voyez pas à la fenêtre ce jeune homme propre et bien peigné? Tenez! le voilà qui se penche; c'est le petit Fortunio.

JACQUELINE.

Oui-da, je le vois maintenant. Il n'est pas ma

tourné, ma foi, avec ses cheveux sur l'oreille et son petit air innocent. Prenez garde à vous, Madelon ; ces anges-là font déchoir les filles. Et il fait la cour aux grisettes, ce monsieur-là, avec ses yeux bleus ? Eh bien ! Madelon, il ne faut pas pour cela baisser les vôtres d'un air si renchéri. Vraiment, on peut moins bien choisir. Il sait donc que dire, celui-là, et il a un maître à danser?

LA SERVANTE.

Révérence parler, Madame, si je le croyais amoureux ici, ce ne serait pas de si peu de chose. Si vous aviez tourné la tête quand vous passiez dans le quinconce, vous l'auriez vu plus d'une fois, les bras croisés, la plume à l'oreille, vous regarder tant qu'il pouvait.

JACQUELINE.

Plaisantez-vous, Mademoiselle, et pensez-vous à qui vous parlez?

LA SERVANTE.

Un chien regarde bien un évêque, et il y en a qui disent que l'évêque n'est pas fâché d'être regardé du chien. Il n'est pas si sot, ce garçon-là, et son père est un riche orfèvre. Je ne crois pas qu'il y ait d'injure à regarder passer les gens?

JACQUELINE.

Qui vous a dit que c'est moi qu'il regarde ? Il ne vous a pas, j'imagine, fait des confidences là-dessus.

LA SERVANTE.

Quand un garçon tourne la tête, allez! Madame, il ne faut guère être femme pour ne pas deviner où les yeux s'en vont. Je n'ai que faire de ses confidences, et on ne m'apprendra que ce que j'en sais.

JACQUELINE.

J'ai froid. Allez me chercher un châle, et faites-moi grâce de vos propos.

La servante sort.

JACQUELINE, seule.

Si je ne me trompe, c'est le jardinier que j'ai aperçu entre ces arbres. Holà! Pierre, écoutez.

LE JARDINIER, entrant.

Vous m'avez appelé, Madame?

JACQUELINE.

Oui, entrez là; demandez un clerc qui s'appelle Fortunio. Qu'il vienne ici; j'ai à lui parler.

Le jardinier sort. Un instant après entre Fortunio.

FORTUNIO.

Madame, on se trompe sans doute; on vient de me dire que vous me demandiez.

JACQUELINE.

Asseyez-vous, on ne se trompe pas. — Vous me voyez, Monsieur Fortunio, fort embarrassée, fort en peine. Je ne sais trop comment vous dire ce que j'ai à vous demander, ni pourquoi je m'adresse à vous.

FORTUNIO.

Je ne suis que troisième clerc; s'il s'agit d'une affaire d'importance, Guillaume, notre premier clerc, est là; souhaitez-vous que je l'appelle?

JACQUELINE.

Mais non. Si c'était une affaire, est-ce que je n'ai pas mon mari?

FORTUNIO.

Puis-je être bon à quelque chose? Veuillez parler avec confiance. Quoique bien jeune, je mourrais de bon cœur pour vous rendre service.

JACQUELINE.

C'est galamment et vaillamment parler; et cependant, si je ne me trompe, je ne suis pas connue de vous.

FORTUNIO.

L'étoile qui brille à l'horizon ne connaît pas les yeux qui la regardent; mais elle est connue du moindre pâtre qui chemine sur le coteau.

JACQUELINE.

C'est un secret que j'ai à vous dire, et j'hésite par deux motifs: d'abord vous pouvez me trahir, et en second lieu, même en me servant, prendre de moi mauvaise opinion.

FORTUNIO.

Puis-je me soumettre à quelque épreuve? Je vous supplie de croire en moi.

JACQUELINE.

Mais, comme vous dites, vous êtes bien jeune.

Vous-même, vous pouvez croire en vous, et ne pas toujours en répondre.

FORTUNIO.

Vous êtes plus belle que je ne suis jeune ; de ce que mon cœur sent, j'en réponds.

JACQUELINE.

La nécessité est imprudente. Voyez si personne n'écoute.

FORTUNIO.

Personne ; ce jardin est désert, et j'ai fermé la porte de l'étude.

JACQUELINE.

Non, décidément je ne puis parler ; pardonnez-moi cette démarche inutile, et qu'il n'en soit jamais question.

FORTUNIO.

Hélas ! Madame, je suis bien malheureux ! il en sera comme il vous plaira.

JACQUELINE.

C'est que la position où je suis n'a vraiment pas le sens commun. J'aurais besoin, vous l'avouerai-je ? non pas tout à fait d'un ami, et cependant d'une action d'ami. Je ne sais à quoi me résoudre. Je me promenais dans ce jardin en regardant ces espaliers ; et je vous dis, je ne sais pourquoi, je vous ai vu à cette fenêtre, j'ai eu l'idée de vous faire appeler.

FORTUNIO.

Quel que soit le caprice du hasard à qui je dois

cette faveur, permettez-moi d'en profiter. Je ne puis que répéter mes paroles : je mourrais de bon cœur pour vous.

JACQUELINE.

Ne me le répétez pas trop ; c'est le moyen de me faire taire.

FORTUNIO.

Pourquoi ? c'est le fond de mon cœur...

JACQUELINE.

Pourquoi ? pourquoi ? vous n'en savez rien, et je n'y veux seulement pas penser. Non ; ce que j'ai à vous demander ne peut avoir de suite aussi grave. Dieu merci! c'est un rien, une bagatelle. Vous êtes un enfant, n'est-ce pas ? Vous me trouvez peut-être jolie, et vous m'adressez légèrement quelques paroles de galanterie. Je les prends ainsi, c'est tout simple ; tout homme à votre place en pourrait dire autant.

FORTUNIO.

Madame, je n'ai jamais menti. Il est bien vrai que je suis un enfant, et qu'on peut douter de mes paroles ; mais, telles qu'elles sont, Dieu peut les juger.

JACQUELINE.

C'est bon, vous savez votre rôle, et vous ne vous dédisez pas. En voilà assez là-dessus ; prenez donc ce siège, et mettez-vous là.

FORTUNIO.

Je le ferai pour vous obéir.

JACQUELINE.

Pardonnez-moi une question qui pourra vous sembler étrange. Madeleine, ma femme de chambre, m'a dit que votre père était joaillier. Il doit se trouver en rapport avec les marchands de la ville.

FORTUNIO.

Oui, Madame; je puis dire qu'il n'en est guère d'un peu considérable qui ne connaisse notre maison.

JACQUELINE.

Par conséquent, vous avez l'occasion d'aller et de venir dans le quartier marchand, et on connaît votre visage dans les boutiques de la Grand'Rue?

FORTUNIO.

Oui, Madame, pour vous servir.

JACQUELINE.

Une femme de mes amies a un mari avare et jaloux. Elle ne manque pas de fortune, mais elle ne peut en disposer. Ses plaisirs, ses goûts, sa parure, ses caprices, si vous voulez, quelle femme vit sans caprice? tout est réglé et contrôlé. Ce n'est pas qu'au bout de l'année elle ne se trouve en position de faire face à de grosses dépenses; mais chaque mois, presque chaque semaine, il lui faut compter, disputer, calculer tout ce qu'elle achète. Vous comprenez que la morale, tous les sermons d'économie possibles, toutes les raisons des avares, ne font pas faute aux échéances; enfin,

avec beaucoup d'aisance, elle mène la vie la plus
gênée. Elle est plus pauvre que son tiroir, et son
argent ne lui sert de rien. Qui dit toilette, en par-
lant des femmes, dit un grand mot, vous le savez.
Il a donc fallu, à tout prix, user de quelque stratagème. Les mémoires des fournisseurs ne portent
que ces dépenses banales que le mari appelle « de
première nécessité »; ces choses-là se payent au
grand jour; mais, à certaines époques convenues,
certains autres mémoires secrets font mention de
quelques bagatelles que la femme appelle à son
tour « de seconde nécessité », qui est la vraie, et
que les esprits mal faits pourraient nommer du
superflu. Moyennant quoi, tout s'arrange à merveille; chacun y peut trouver son compte, et le
mari, sûr de ses quittances, ne se connaît pas assez
en chiffons pour deviner qu'il n'a pas payé tout ce
qu'il voit sur l'épaule de sa femme.

FORTUNIO.

Je ne vois pas grand mal à cela.

JACQUELINE.

Maintenant donc, voilà ce qui arrive: le mari,
un peu soupçonneux, a fini par s'apercevoir non
du chiffon de trop, mais de l'argent de moins. Il
a menacé ses domestiques, frappé sur sa cassette
et grondé ses marchands. La pauvre femme aban-
donnée n'y a pas perdu un louis; mais elle se
trouve, comme un nouveau Tantale, dévorée du
matin au soir de la soif des chiffons. Plus de con-

fidents, plus de mémoires secrets, plus de dépenses ignorées. Cette soif pourtant la tourmente ; à tout hasard elle cherche à l'apaiser. Il faudrait qu'un jeune homme adroit, discret surtout, et d'assez haut rang dans la ville pour n'éveiller aucun soupçon, voulût aller visiter les boutiques, et y acheter, comme pour lui-même, ce dont elle peut et veut avoir besoin. Il faudrait qu'il eût, tout d'abord, facile accès dans la maison ; qu'il pût entrer et sortir avec assurance ; qu'il eût bon goût, cela est clair, et qu'il sût choisir à propos. Peut-être serait-ce un heureux hasard s'il se trouvait par là, dans la ville, quelque jolie et coquette fille à qui on sût qu'il fît sa cour. N'êtes-vous pas dans ce cas, je suppose ? ce hasard-là justifierait tout. Ce serait alors pour la belle que les emplettes seraient censées se faire. Voilà ce qu'il faudrait trouver.

FORTUNIO.

Dites à votre amie que je m'offre à elle ; je la servirai de mon mieux.

JACQUELINE.

Mais, si cela se pouvait ainsi, vous comprenez, n'est-il pas vrai, que, pour avoir dans la maison le libre accès dont je vous parle, le confident devrait s'y montrer autre part qu'à la salle basse ? Vous comprenez qu'il faudrait que sa place fût à la table et au salon ? Vous comprenez que la discrétion est une vertu trop difficile pour qu'on lui manque de reconnaissance, mais qu'en outre du bon vouloir, le savoir-faire n'y gâterait rien ? Il faudrait qu'un soir, je suppose comme ce soir, s'il faisait beau, il sût trouver la porte entr'ouverte et apporter un bijou furtif comme un hardi contrebandier. Il faudrait qu'un air de mystère ne trahît jamais son adresse ; qu'il fût prudent, leste et avisé ; qu'il se souvînt d'un proverbe espagnol qui mène loin ceux qui le suivent : « Aux audacieux Dieu prête la main. »

FORTUNIO.

Je vous en supplie, servez-vous de moi.

JACQUELINE.

Toutes ces conditions remplies, pour peu qu'on fût sûre du silence, on pourrait dire au confident le nom de sa nouvelle amie. Il recevrait alors sans scrupules, adroitement comme une jeune soubrette, une bourse dont il saurait l'emploi. Preste ! j'aperçois Madeleine qui vient m'apporter mon manteau. Discrétion et prudence, adieu. L'amie, c'est moi ; le confident, c'est vous ; la bourse est là au pied de la chaise.

Elle sort. — Guillaume et Landry, sur le pas de la porte.

GUILLAUME.

Holà ! Fortunio ; maître André est là qui t'appelle.

LANDRY.

Il y a de l'ouvrage sur ton bureau, que fais-tu là hors de l'étude ?

FORTUNIO.

Hein? Plaît-il? Que me voulez-vous?

GUILLAUME.

Nous te disons que le patron te demande.

LANDRY.

Arrive ici; on a besoin de toi. A quoi songe donc ce rêveur?

FORTUNIO.

En vérité, cela est singulier, et cette aventure est étrange.

Ils sortent.

ACTE II

SCÈNE PREMIÈRE

Un salon.

CLAVAROCHE, devant une glace.

En conscience, ces belles dames, si on les aimait tout de bon, ce serait une pauvre affaire, et le métier des bonnes fortunes est, à tout prendre, un ruineux travail. Tantôt c'est au plus bel endroit qu'un valet qui gratte à la porte vous oblige à vous esquiver. La femme qui se perd pour vous ne se livre que d'une oreille, et au milieu du plus doux transport on vous pousse dans une armoire. Tantôt c'est lorsqu'on est chez soi, étendu sur un canapé et fatigué de la manœuvre, qu'un messager envoyé à la hâte vient vous faire ressouvenir qu'on vous adore à une lieue de distance. Vite, un barbier, le valet de chambre! On court, on vole: il n'est plus temps, le mari est rentré; la pluie tombe: il faut faire le pied de grue une heure durant. Avisez-vous d'être malade ou seulement de mauvaise humeur! Point; le soleil, le froid, la tempête, l'incertitude, le danger, cela est fait pour rendre gaillard. La difficulté est en possession, depuis qu'il y a des proverbes, du privilège d'augmenter le plaisir, et le vent de bise se fâcherait si, en vous coupant le visage, il ne croyait vous donner du cœur. En vérité, on représente l'amour avec des ailes et un carquois; on ferait mieux de nous le peindre comme un chasseur de canards sauvages, avec une veste imperméable et une perruque de laine frisée pour lui garantir l'occiput. Quelles sottes bêtes que les hommes, de se refuser leurs franches lippées pour courir après quoi, de grâce? Après l'ombre de leur orgueil! Mais la garnison dure six mois; on ne peut pas toujours aller au café; les comédiens de province ennuient, on se regarde dans un miroir, et on ne veut pas être beau pour rien. Jacqueline a la taille fine; c'est ainsi qu'on prend patience, et qu'on s'accommode de tout sans trop faire le difficile.

Entre Jacqueline.

Eh bien! ma chère, qu'avez-vous fait? Avez-vous suivi mes conseils, et sommes-nous hors de danger?

JACQUELINE.

Oui.

CLAVAROCHE.

Comment vous y êtes-vous prise? Vous allez

me conter cela. Est-ce un des clercs de maître André qui s'est chargé de notre salut ?

JACQUELINE.

Oui.

CLAVAROCHE.

Vous êtes une femme incomparable, et on n'a pas plus d'esprit que vous. Vous avez fait venir, n'est-ce pas, le bon jeune homme à votre boudoir? Je le vois d'ici, les mains jointes, tournant son chapeau dans ses doigts. Mais quel conte lui avez-vous fait pour réussir en si peu de temps?

JACQUELINE.

Le premier venu ; je n'en sais rien.

CLAVAROCHE.

Voyez un peu ce que c'est que de nous, et quels pauvres diables nous sommes, quand il vous plaît de nous endiabler! Et notre mari, comment voit-il la chose? La foudre qui nous menaçait sent-elle déjà l'aiguille aimantée? commence-t-elle à se détourner?

JACQUELINE.

Oui.

CLAVAROCHE.

Parbleu! nous nous divertirons, et je me fais une vraie fête d'examiner cette comédie, d'en observer les ressorts et les gestes, et d'y jouer moi-même mon rôle. Et l'humble esclave, je vous prie, depuis que je vous ai quittée, est-il déjà amoureux de vous? Je parierais que je l'ai rencontré comme je montais : un visage affairé et une encolure à cela. Est-il déjà installé dans sa charge? s'acquitte-t-il des soins indispensables avec quelque facilité? porte-t-il déjà vos couleurs? met-il l'écran devant le feu? a-t-il hasardé quelques mots d'amour craintif et de respectueuse tendresse? êtes-vous contente de lui?

JACQUELINE.

Oui.

CLAVAROCHE.

Et, comme acompte sur ses futurs services, ces beaux yeux pleins d'une flamme noire lui ont-ils déjà laissé deviner qu'il est permis de soupirer pour eux? a-t-il déjà obtenu quelque grâce? Voyons, franchement, où en êtes-vous? Avez-vous croisé le regard? avez-vous engagé le fer? C'est bien le moins qu'on l'encourage pour le service qu'il nous rend.

JACQUELINE.

Oui.

CLAVAROCHE.

Qu'avez-vous donc? Vous êtes rêveuse et vous répondez à demi.

JACQUELINE.

J'ai fait ce que vous m'avez dit.

CLAVAROCHE.

En avez-vous quelque regret?

JACQUELINE.

Non.

CLAVAROCHE.

Mais vous avez l'air soucieux, et quelque chose vous inquiète.

JACQUELINE.

Non.

CLAVAROCHE.

Verriez-vous quelque sérieux dans une pareille plaisanterie? Laissez donc, tout cela n'est rien.

JACQUELINE.

Si l'on savait ce qui s'est passé, pourquoi le monde me donnerait-il tort, et à vous peut-être raison?

CLAVAROCHE.

Bon! c'est un jeu, c'est une misère; ne m'aimez-vous pas, Jacqueline?

JACQUELINE.

Oui.

CLAVAROCHE.

Eh bien donc! qui peut vous fâcher? N'est-ce donc pas pour sauver notre amour que vous avez fait tout cela?

JACQUELINE.

Oui.

CLAVAROCHE.

Je vous assure que cela m'amuse et que je n'y regarde pas de si près.

JACQUELINE.

Silence! l'heure du dîner approche, et voici maître André qui vient.

CLAVAROCHE.

Est-ce notre homme qui est avec lui?

JACQUELINE.

C'est lui. Mon mari l'a prié, et il reste ce soir ici.

<small>Entrent maître André et Fortunio.</small>

MAITRE ANDRÉ.

Non ! je ne veux pas aujourd'hui entendre parler d'une affaire. Je veux qu'on s'évertue à danser et qu'il ne soit question que de rire. Je suis ravi, je nage dans la joie, et je n'entends qu'à bien dîner.

CLAVAROCHE.

Peste! vous êtes en belle humeur, maître André, à ce que je vois.

MAITRE ANDRÉ.

Il faut que je vous dise à tous ce qui m'est arrivé hier. J'ai soupçonné injustement ma femme; j'ai fait mettre le piège à loup devant la porte de mon jardin, j'y ai trouvé mon chat ce matin; c'est bien fait, je l'ai bien mérité. Mais je veux rendre justice à Jacqueline, et que vous appreniez de moi que notre paix est faite et qu'elle m'a pardonné.

JACQUELINE.

C'est bon, je n'ai pas de rancune; obligez-moi de n'en plus parler.

MAITRE ANDRÉ.

Non, je veux que tout le monde le sache. Je

l'ai dit partout dans la ville, et j'ai rapporté dans ma poche un petit Napoléon en sucre; je veux le mettre sur ma cheminée en signe de réconciliation, et, toutes les fois que je le regarderai, j'en aimerai cent fois plus ma femme. Ce sera pour me garantir de toute défiance à l'avenir.

CLAVAROCHE.

Voilà agir en digne mari; je reconnais là maître André.

MAITRE ANDRÉ.

Capitaine, je vous salue. Voulez-vous dîner avec nous? Nous avons aujourd'hui au logis une façon de petite fête, et vous êtes le bienvenu.

CLAVAROCHE.

C'est trop d'honneur que vous me faites.

MAITRE ANDRÉ.

Je vous présente un nouvel hôte; c'est un de mes clercs, capitaine. Hé! hé! *cedant arma togæ*. Ce n'est pas pour vous faire injure; le petit drôle a de l'esprit; il vient faire la cour à ma femme.

CLAVAROCHE.

Monsieur, peut-on vous demander votre nom? Je suis ravi de faire votre connaissance.

Fortunio salue.

MAITRE ANDRÉ.

Fortunio. C'est un nom heureux. A vous dire vrai, voilà tantôt un an qu'il travaillait à mon étude, et je ne m'étais pas aperçu de tout le mérite qu'il a. Je crois même que, sans Jacqueline, je n'y aurais jamais songé. Son écriture n'est pas très nette, et il me fait des accolades qui ne sont pas exemptes de reproche; mais ma femme a besoin de lui pour quelques petites affaires, et elle se loue fort de son zèle. C'est leur secret; nous autres maris nous ne mettons point le nez là. Un hôte aimable dans une petite ville n'est pas une chose de peu de prix; aussi Dieu veuille qu'il s'y plaise! nous le recevrons de notre mieux.

FORTUNIO.

Je ferai tout pour m'en rendre digne.

MAITRE ANDRÉ, à Clavaroche.

Mon travail, comme vous le savez, me retient chez moi la semaine. Je ne suis pas fâché que Jacqueline s'amuse sans moi comme elle l'entend. Il lui fallait quelquefois un bras pour se promener par la ville; le médecin veut qu'elle marche, et le grand air lui fait du bien. Ce garçon-là sait les nouvelles, il lit fort bien à haute voix; il est, d'ailleurs, de bonne famille, et ses parents l'ont bien élevé; c'est un cavalier pour ma femme, et je vous demande votre amitié pour lui.

CLAVAROCHE.

Mon amitié, digne maître André, est tout entière à son service; c'est une chose qui vous est acquise et dont vous pouvez disposer.

FORTUNIO.

Monsieur le capitaine est bien honnête; et je ne sais comment le remercier.

CLAVAROCHE.

Touchez là! L'honneur est pour moi si vous me comptez pour un ami.

MAITRE ANDRÉ.

Allons! voilà qui est à merveille. Vive la joie! La nappe nous attend; donnez la main à Jacqueline, et venez goûter de mon vin.

CLAVAROCHE, bas à Jacqueline.

Maître André ne me paraît pas envisager tout à fait les choses comme je m'y attendais.

JACQUELINE, bas.

Sa confiance et sa jalousie dépendent d'un mot et du vent qui souffle.

CLAVAROCHE, de même.

Mais ce n'est pas cela qu'il vous faut. Si cela prend cette tournure, nous n'avons que faire de votre clerc.

JACQUELINE, de même.

J'ai fait ce que vous m'avez dit.

Ils sortent.

SCÈNE II

A l'étude.

GUILLAUME et LANDRY, travaillant.

GUILLAUME.

Il me semble que Fortunio n'est pas resté longtemps à l'étude.

LANDRY.

Il y a gala ce soir à la maison, et maître André l'a invité.

GUILLAUME.

Oui; de façon que l'ouvrage nous reste. J'ai la main droite paralysée.

LANDRY.

Il n'est pourtant que troisième clerc; on aurait pu nous inviter aussi.

GUILLAUME.

Après tout, c'est un bon garçon; il n'y a pas grand mal à cela.

LANDRY.

Non. Il n'y en aurait pas non plus si on nous eût mis de la noce.

GUILLAUME.

Hum, hum! quelle odeur de cuisine! On fait un bruit là-haut, c'est à ne pas s'entendre.

LANDRY.

Je crois qu'on danse; j'ai vu des violons.

GUILLAUME.

Au diable les paperasses! je n'en ferai pas davantage aujourd'hui.

LANDRY.

Sais-tu une chose? J'ai quelque idée qu'il se passe du mystère ici.

GUILLAUME.

Bah! Comment cela?

LANDRY.

Oui, oui. Tout n'est pas clair, et si je voulais un peu jaser...

GUILLAUME.

N'aie pas peur, je n'en dirai rien.

LANDRY.

Tu te souviens que j'ai vu l'autre jour un homme escalader la fenêtre : qui c'était, on n'en a rien su. Mais aujourd'hui, pas plus tard que ce soir, j'ai vu quelque chose, moi qui te parle, et ce que c'était, je le sais bien.

GUILLAUME.

Qu'est-ce que c'était ? Conte-moi cela.

LANDRY.

J'ai vu Jacqueline, entre chien et loup, ouvrir la porte du jardin. Un homme était derrière elle, qui s'est glissé contre le mur et qui lui a baisé la main; après quoi il a pris le large, et j'ai entendu qu'il disait : « Ne craignez rien, je reviendrai tantôt. »

GUILLAUME.

Vraiment ! Cela n'est pas possible.

LANDRY.

Je l'ai vu comme je te vois.

GUILLAUME.

Ma foi, s'il en était ainsi, je sais ce que je ferais à ta place. J'en avertirais maître André, comme l'autre fois, ni plus ni moins.

LANDRY.

Cela demande réflexion. Avec un homme comme maître André, il y a des chances à courir. Il change d'avis tous les matins.

GUILLAUME.

Entends-tu le carillon qu'ils font? Paf, les portes! Clip-clap, les assiettes, les plats, les fourchettes, les bouteilles! Il me semble que j'entends chanter.

LANDRY.

Oui, c'est la voix de maître André lui-même. Pauvre bonhomme! on se rit bien de lui.

GUILLAUME.

Viens donc un peu sur la promenade; nous jaserons tout à notre aise. Ma foi! quand le patron s'amuse, c'est bien le moins que les clercs se reposent.

Ils sortent.

SCÈNE III

La salle à manger.

MAITRE ANDRÉ, CLAVAROCHE, FORTUNIO et JACQUELINE, à table.
On est au dessert.

CLAVAROCHE.

Allons, Monsieur Fortunio, servez donc à boire à Madame.

FORTUNIO.

De tout mon cœur, Monsieur le capitaine, et je bois à votre santé.

CLAVAROCHE.

Fi donc! vous n'êtes pas galant. A la santé de votre voisine.

MAITRE ANDRÉ.

Eh oui! à la santé de ma femme. Je suis enchanté, capitaine, que vous trouviez ce vin de votre goût.

Il chante.

Amis, buvons, buvons sans cesse...

CLAVAROCHE.

Cette chanson-là est trop vieille. Chantez donc, Monsieur Fortunio.

FORTUNIO.

Si Madame veut l'ordonner.

MAITRE ANDRÉ.

Hé! hé! le garçon sait son monde.

JACQUELINE.

Eh bien! chantez, je vous en prie.

CLAVAROCHE.

Un instant. Avant de chanter, mangez un peu de ce biscuit; cela vous ouvrira la voix et vous donnera du montant.

MAITRE ANDRÉ.

Le capitaine a le mot pour rire.

FORTUNIO.

Je vous remercie, cela m'étoufferait.

CLAVAROCHE.

Bon, bon! demandez à Madame de vous en donner un morceau. Je suis sûr que de sa blanche main cela vous paraîtra léger.

Regardant sous la table.

O Ciel! que vois-je? Vos pieds sur le carreau! Souffrez, Madame, qu'on apporte un coussin.

FORTUNIO, se levant.

En voilà un sous cette chaise.

Il le place sous les pieds de Jacqueline.

CLAVAROCHE.

A la bonne heure, Monsieur Fortunio. Je pensais que vous m'eussiez laissé faire. Un jeune homme qui fait sa cour ne doit pas permettre qu'on le prévienne.

MAITRE ANDRÉ.

Oh! oh! le garçon ira loin; il n'y a qu'à lui dire un mot.

CLAVAROCHE.

Maintenant donc, chantez, s'il vous plaît; nous écoutons de toutes nos oreilles.

FORTUNIO.

Je n'ose devant des connaisseurs. Je ne sais pas de chanson de table.

CLAVAROCHE.

Puisque Madame l'a ordonné, vous ne pouvez vous en dispenser.

FORTUNIO.

Je ferai donc comme je pourrai.

CLAVAROCHE.

N'avez-vous pas encore, Monsieur Fortunio, adressé de vers à Madame? Voyez, l'occasion se présente.

MAITRE ANDRÉ.

Silence, silence! Laissez-le chanter.

CLAVAROCHE.

Une chanson d'amour surtout, n'est-il pas vrai, Monsieur Fortunio? Pas autre chose, je vous en conjure. Madame, priez-le, s'il vous plaît, qu'il nous chante une chanson d'amour. On ne saurait vivre sans cela.

JACQUELINE.

Je vous en prie, Fortunio.

FORTUNIO chante.

Si vous croyez que je vais dire
Qui j'ose aimer,
Je ne saurais pour un empire
Vous la nommer.

Nous allons chanter à la ronde,
Si vous voulez,
Que je l'adore, et qu'elle est blonde
Comme les blés.

Je fais ce que sa fantaisie
Veut m'ordonner,

Et je puis, s'il lui faut ma vie,
La lui donner.

Du mal qu'une amour ignorée
Nous fait souffrir,
J'en porte l'âme déchirée
Jusqu'à mourir.

Mais j'aime trop pour que je die
Qui j'ose aimer,
Et je veux mourir pour ma mie,
Sans la nommer.

MAITRE ANDRÉ.

En vérité, le petit gaillard est amoureux comme il le dit, il en a les larmes aux yeux. Allons! garçon, bois pour te remettre. C'est quelque grisette de la ville qui t'aura fait ce méchant cadeau-là.

CLAVAROCHE.

Je ne crois pas à M. Fortunio l'ambition si roturière; sa chanson vaut mieux qu'une grisette. Qu'en dit Madame, et quel est son avis?

JACQUELINE.

Très bien. Donnez-moi le bras et allons prendre le café.

CLAVAROCHE.

Vite, Monsieur Fortunio, offrez votre bras à Madame.

JACQUELINE prend le bras de Fortunio; bas, en sortant.

Avez-vous fait ma commission?

FORTUNIO.

Oui, Madame; tout est dans l'étude.

JACQUELINE.

Allez m'attendre dans ma chambre, je vous y rejoins dans un instant.

Ils sortent.

SCÈNE IV

La chambre de Jacqueline.

FORTUNIO entre.

Est-il un homme plus heureux que moi? J'en suis certain, Jacqueline m'aime, et, à tous les signes qu'elle m'en donne, il n'y a pas à s'y tromper. Déjà me voilà bien reçu, fêté, choyé dans la maison. Elle m'a fait mettre à table à côté d'elle; si elle sort, je l'accompagnerai. Quelle douceur, quelle voix, quel sourire? Quand son regard se fixe sur moi, je ne sais ce qui me passe par le corps; j'ai une joie qui me prend à la gorge; je lui sauterais au cou si je ne me retenais. Non; — plus j'y pense, plus j'y réfléchis, les moindres signes, les plus légères faveurs, tout est certain; elle m'aime, elle m'aime, et je serais un sot fieffé si je feignais de ne pas le voir. Lorsque j'ai chanté tout à l'heure, comme j'ai vu briller ses yeux! Allons! ne perdons pas de temps. Déposons ici cette boîte qui renferme quelques bijoux; c'est une commission secrète, et Jacqueline, sûrement, ne tardera pas à venir.

<small>Entre Jacqueline.</small>

JACQUELINE.

Êtes-vous là, Fortunio?

FORTUNIO.

Oui. Voilà votre écrin, Madame, et ce que vous avez demandé.

JACQUELINE.

Vous êtes homme de parole, et je suis contente de vous.

FORTUNIO.

Comment vous dire ce que j'éprouve? Un regard de vos yeux a changé mon sort, et je ne vis que pour vous servir.

JACQUELINE.

Vous nous avez chanté, à table, une jolie chanson tout à l'heure. Pour qui est-ce donc qu'elle était faite? Me la voulez-vous donner par écrit?

FORTUNIO.

Elle est faite pour vous, Madame; je meurs d'amour, et ma vie est à vous.

<small>Il se jette à genoux.</small>

JACQUELINE.

Vraiment! Je croyais que votre refrain défendait de dire qui on aime.

FORTUNIO.

Ah! Jacqueline, ayez pitié de moi; ce n'est pas d'hier que je souffre. Depuis deux ans, à travers ces charmilles, je suis la trace de vos pas. Depuis deux ans, sans que jamais peut-être vous ayez su mon existence, vous n'êtes pas sortie ou rentrée, votre ombre tremblante et légère n'a pas paru derrière vos rideaux, vous n'avez pas ouvert votre fenêtre, vous n'avez pas remué dans l'air, que je ne fusse là, que je ne vous aie vue ; je ne pouvais approcher de vous, mais votre beauté, grâce à Dieu, m'appartenait comme le soleil à tous ; je la cherchais, je la respirais, je vivais de l'ombre de votre vie. Vous passiez le matin sur le seuil de la porte, la nuit j'y revenais pleurer. Quelques mots tombés de vos lèvres avaient pu venir jusqu'à moi, je les répétais tout un jour. Vous cultiviez des fleurs, ma chambre en était pleine. Vous chantiez le soir au piano, je savais par cœur vos romances. Tout ce que vous aimiez, je l'aimais ; je m'enivrais de ce qui avait passé sur votre bouche et dans votre cœur. Hélas ! je vois que vous souriez. Dieu sait que ma douleur est vraie, et que je vous aime à en mourir.

JACQUELINE.

Je ne souris pas de vous entendre dire qu'il y a deux ans que vous m'aimez, mais je souris de ce que je pense qu'il y aura deux jours demain.

FORTUNIO.

Que je vous perde si la vérité ne m'est aussi chère que mon amour ! que je vous perde s'il n'y a deux ans que je n'existe que pour vous !

JACQUELINE.

Levez-vous donc; si on venait, qu'est-ce qu'on penserait de moi?

FORTUNIO.

Non! je ne me lèverai pas, je ne quitterai pas cette place, que vous ne croyiez à mes paroles. Si vous repoussez mon amour, du moins, n'en douterez-vous pas.

JACQUELINE.

Est-ce une entreprise que vous faites?

FORTUNIO.

Une entreprise pleine de crainte, pleine de misère et d'espérance. Je ne sais si je vis ou si je meurs; comment j'ai osé vous parler, je n'en sais rien. Ma raison est perdue; j'aime, je souffre; il faut que vous le sachiez, que vous le voyiez, que vous me plaigniez.

JACQUELINE.

Ne va-t-il pas rester là une heure, ce méchant enfant obstiné? Allons! levez-vous, je le veux.

FORTUNIO, se levant.

Vous croyez donc à mon amour?

JACQUELINE.

Non, je n'y crois pas; cela m'arrange de n'y pas croire.

FORTUNIO.

C'est impossible! vous n'en pouvez douter.

JACQUELINE.

Bah! on ne se prend pas si vite à trois mots de galanterie.

FORTUNIO.

De grâce! jetez les yeux sur moi. Qui m'aurait appris à tromper? Je suis un enfant né d'hier, et je n'ai jamais aimé personne, si ce n'est vous, qui l'ignoriez.

JACQUELINE.

Vous faites la cour aux grisettes, je le sais comme si je l'avais vu.

FORTUNIO.

Vous vous moquez. Qui a pu vous le dire?

JACQUELINE.

Oui, oui, vous allez à la danse et aux dîners sur le gazon.

FORTUNIO.

Avec mes amis, le dimanche. Quel mal y a-t-il à cela?

JACQUELINE.

Je vous l'ai déjà dit hier, cela se conçoit : vous êtes jeune, et, à l'âge où le cœur est riche, on n'a pas les lèvres avares.

FORTUNIO.

Que faut-il faire pour vous convaincre? Je vous. en prie, dites-le-moi.

JACQUELINE.

Vous demandez un joli conseil. Eh bien! il faudrait le prouver.

FORTUNIO.

Seigneur mon Dieu, je n'ai que des larmes. Les larmes prouvent-elles qu'on aime? Quoi! me voilà à genoux devant vous; mon cœur à chaque battement voudrait s'élancer sur vos lèvres; ce qui m'a jeté à vos pieds, c'est une douleur qui m'écrase, que je combats depuis deux ans, que je ne peux plus contenir, et vous restez froide et incrédule? Je ne puis faire passer en vous une étincelle du feu qui me dévore? Vous niez même ce que je souffre quand je suis prêt à mourir devant vous? Ah! c'est plus cruel qu'un refus! c'est plus affreux que le mépris! L'indifférence elle-même peut croire, et je n'ai pas mérité cela.

JACQUELINE.

Debout! on vient. Je vous crois, je vous aime; sortez par le petit escalier, revenez en bas: j'y serai.

Elle sort.

FORTUNIO, seul.

Elle m'aime! Jacqueline m'aime! elle s'éloigne, elle me quitte ainsi! Non! je ne puis descendre encore. Silence! on approche; quelqu'un l'a arrêtée; on vient ici. Vite, sortons!

Il lève la tapisserie.

Ah! la porte est fermée en dehors, je ne puis sortir; comment faire? Si je descends par l'autre côté, je vais rencontrer ceux qui viennent.

CLAVAROCHE, en dehors.

Venez donc, venez donc un peu.

FORTUNIO.

C'est le capitaine qui monte avec elle. Cachons-nous vite et attendons ; il ne faut pas qu'on me voie ici.

Il se cache dans le fond de l'alcôve. — Entrent Clavaroche et Jacqueline.

CLAVAROCHE, se jetant sur un sofa.

Parbleu! Madame, je vous cherchais partout ; que faisiez-vous donc toute seule?

JACQUELINE, à part.

Dieu soit loué! Fortunio est parti.

CLAVAROCHE.

Vous me laissez dans un tête-à-tête qui n'est vraiment pas supportable. Qu'ai-je à faire avec maître André, je vous prie? Et justement vous nous laissez ensemble quand le vin joyeux de l'époux doit me rendre plus précieux l'aimable entretien de la femme.

FORTUNIO, caché.

C'est singulier ; que veut dire ceci?

CLAVAROCHE, ouvrant l'écrin qui est sur la table.

Voyons un peu. Sont-ce des anneaux? Et dites-moi, qu'en voulez-vous faire? Est-ce que vous faites un cadeau?

JACQUELINE.

Vous savez bien que c'est notre fable.

CLAVAROCHE.

Mais, en conscience, c'est de l'or! Si vous comptez tous les matins user du même stratagème, notre jeu finira bientôt par ne pas valoir... A propos, que ce dîner m'a amusé, et quelle curieuse figure a notre jeune initié!

FORTUNIO, caché.

Initié! à quel mystère? est-ce de moi qu'il veut parler?

CLAVAROCHE.

La chaîne est belle; c'est un bijou de prix. Vous avez eu là une singulière idée.

FORTUNIO, de même.

Ah! il paraît qu'il est aussi dans la confidence de Jacqueline.

CLAVAROCHE.

Comme il tremblait, le pauvre garçon, lorsqu'il a soulevé son verre! Qu'il m'a réjoui avec ses coussins, et qu'il faisait plaisir à voir!

FORTUNIO, de même.

Assurément, c'est de moi qu'il parle, et il s'agit du dîner de tantôt.

CLAVAROCHE.

Vous rendrez cela, je suppose, au bijoutier qui l'a fourni.

FORTUNIO, de même.

Rendre la chaîne! et pourquoi donc?

CLAVAROCHE.

Sa chanson surtout m'a ravi, et maître André

l'a bien remarqué; il en avait, Dieu me pardonne, la larme à l'œil pour tout de bon.

FORTUNIO, de même.

Je n'ose croire ni comprendre encore. Est-ce un rêve? suis-je éveillé? Qu'est-ce donc que ce Clavaroche?

CLAVAROCHE.

Du reste, il devient inutile de pousser les choses plus loin. A quoi bon un tiers incommode, si les soupçons ne reviennent plus? Ces maris ne manquent jamais d'adorer les amoureux de leurs femmes. Voyez ce qui est arrivé! Du moment qu'on se fie à vous, il faut souffler sur le chandelier.

JACQUELINE.

Qui peut savoir ce qui arrivera? Avec ce caractère-là il n'y a jamais rien de sûr, et il faut garder sous la main de quoi se tirer d'embarras.

FORTUNIO, de même.

Qu'ils fassent de moi leur jouet, ce ne peut être sans motif. Toutes ces paroles sont des énigmes.

CLAVAROCHE.

Je suis d'avis de le congédier.

JACQUELINE.

Comme vous voudrez. Dans tout cela, ce n'est pas moi que je consulte. Quand le mal serait nécessaire, croyez-vous qu'il serait de mon choix? Mais qui sait si demain, ce soir, dans une heure, ne viendra pas une bourrasque ? Il ne faut pas compter sur le calme avec trop de sécurité.

CLAVAROCHE.

Tu crois ?

FORTUNIO, de même.

Sang du Christ ! il est son amant.

CLAVAROCHE.

Faites-en, du reste, ce que vous voudrez. Sans évincer tout à fait le jeune homme, on peut le tenir en haleine, mais d'un peu loin, et le mettre aux lisières. Si les soupçons de maître André lui revenaient jamais en tête, eh bien ! alors on aurait à portée votre M. Fortunio, pour les détourner de nouveau. Je le tiens pour poisson d'eau vive ; il est friand de l'hameçon.

JACQUELINE.

Il me semble qu'on a remué.

CLAVAROCHE.

Oui, j'ai cru entendre un soupir.

JACQUELINE.

C'est probablement Madeleine ; elle range dans le cabinet.

ACTE III

SCÈNE PREMIÈRE

Le jardin.

Entrent JACQUELINE et LA SERVANTE.

LA SERVANTE.

Madame, un danger vous menace. Comme j'étais tout à l'heure dans la salle, je viens d'entendre maître André qui causait avec un de ses clercs. Autant que j'ai pu deviner, il s'agissait d'une embuscade qui doit avoir lieu cette nuit.

JACQUELINE.

Une embuscade! en quel lieu? pourquoi faire?

LA SERVANTE.

Dans l'étude; le clerc affirmait que la nuit dernière il vous avait vue, vous, Madame, et un homme avec vous, dans le jardin. Maître André jurait ses grands dieux qu'il voulait vous surprendre, et qu'il vous ferait un procès.

JACQUELINE.

Tu ne te trompes pas, Madelon?

LA SERVANTE.

Madame fera ce qu'elle voudra. Je n'ai pas l'honneur de ses confidences; cela n'empêche pas qu'on ne rende un service. J'ai mon ouvrage qui m'attend.

JACQUELINE.

C'est bien, et vous pouvez compter que je ne serai pas ingrate. Avez-vous vu Fortunio ce matin? où est-il? J'ai à lui parler.

LA SERVANTE.

Il n'est pas venu à l'étude; le jardinier, à ce que je crois, l'a aperçu; mais on est en peine de lui, et on le cherchait tout à l'heure de tous les côtés du jardin. Tenez! voilà M. Guillaume, le premier clerc, qui le cherche encore; le voyez-vous passer là-bas?

GUILLAUME, au fond du théâtre.

Holà! Fortunio! Fortunio! holà! où es-tu?

JACQUELINE.

Va, Madelon, tâche de le trouver.

Madelon sort. — Entre Clavaroche.

CLAVAROCHE.

Que diantre se passe-t-il donc ici? Comment! moi qui ai quelques droits, je pense, à l'amitié de maître André, il me rencontre et ne me salue pas; les clercs me regardent de travers, et je ne sais si le chien lui-même ne voulait me prendre aux talons. Qu'est-il advenu, je vous prie ? et à quel propos maltraite-t-on les gens ?

JACQUELINE.

Nous n'avons pas sujet de rire; ce que j'avais prévu arrive, et sérieusement cette fois : nous n'en sommes plus aux paroles, mais à l'action.

CLAVAROCHE.

A l'action ? que voulez-vous dire ?

JACQUELINE.

Que ces maudits clercs font le métier d'espions, qu'on nous a vus, que maître André le sait, qu'il veut se cacher dans l'étude, et que nous courons les plus grands dangers.

CLAVAROCHE.

N'est-ce que cela qui vous inquiète ?

JACQUELINE.

Assurément; que voulez-vous de pire ? Qu'aujourd'hui nous leur échappions, puisque nous sommes avertis, ce n'est pas là le difficile; mais, du moment que maître André agit sans rien dire, nous avons tout à craindre de lui.

CLAVAROCHE.

Vraiment ! c'est là toute l'affaire, et il n'y a pas plus de mal que cela ?

JACQUELINE.

Êtes-vous fou ? comment est-il possible que vous en plaisantiez ?

CLAVAROCHE.

C'est qu'il n'y a rien de si simple que de nous

tirer d'embarras. Maître André, dites-vous, est furieux? eh bien! qu'il crie. Quel inconvénient? Il veut se mettre en embuscade? qu'il s'y mette, il n'y a rien de mieux. Les clercs sont-ils de la partie? qu'ils en soient avec toute la ville, si cela les peut divertir. Ils veulent surprendre la belle Jacqueline et son très humble serviteur? eh! qu'ils surprennent, je ne m'y oppose pas. Que voyez-vous là qui nous gêne?

JACQUELINE.

Je ne comprends rien à ce que vous dites.

CLAVAROCHE.

Faites-moi venir Fortunio. Où est-il fourré, ce monsieur? Comment! nous sommes en péril, et le drôle nous abandonne! Allons! avertissez-le.

JACQUELINE.

J'y ai pensé; on ne sait où il est, et il n'a pas paru ce matin.

CLAVAROCHE.

Bon! cela est impossible, il est par là quelque part dans vos jupes; vous l'avez oublié dans une armoire, et votre servante l'aura par mégarde accroché au portemanteau.

JACQUELINE.

Mais encore, en quelle façon peut-il nous être utile? J'ai demandé où il était sans trop savoir pourquoi moi-même; je ne vois pas, en y réfléchissant, à quoi il peut nous être bon.

CLAVAROCHE.

Hé! ne voyez-vous pas que je m'apprête à lui faire le plus grand sacrifice? Il ne s'agit pas d'autre chose que de lui céder pour ce soir tous les privilèges de l'amour.

JACQUELINE.

Pour ce soir? et dans quel dessein?

CLAVAROCHE.

Dans le dessein positif et formel que ce digne maître André ne passe pas inutilement une nuit à la belle étoile. Ne voudriez-vous pas que ces pauvres clercs, qui se vont donner bien du mal, ne trouvent personne au logis? Fi donc! nous ne pouvons permettre que ces honnêtes gens restent les mains vides; il faut leur dépêcher quelqu'un.

JACQUELINE.

Cela ne sera pas; trouvez autre chose; vous avez là une idée horrible, et je ne puis y consentir.

CLAVAROCHE.

Pourquoi horrible? Rien n'est plus innocent. Vous écrivez un mot à Fortunio, si vous ne pouvez le trouver vous-même, car le moindre mot en ce monde vaut mieux que le plus gros écrit. Vous le faites venir ce soir, sous prétexte d'un rendez-vous. Le voilà entré; les clercs le surprennent, et maître André le prend au collet. Que voulez-vous qu'il lui arrive? Vous descendez là-dessus en cornette, et demandez pourquoi on fait du bruit, le plus naturellement du monde. On vous l'explique. Maître André en fureur vous demande à son tour pourquoi son jeune clerc se glisse dans son jardin. Vous rougissez d'abord quelque peu, puis vous avouez sincèrement tout ce qu'il vous plaira d'avouer: que ce garçon visite vos marchands, qu'il vous apporte en secret des bijoux, en un mot la vérité pure. Qu'y a-t-il là de si effrayant?

JACQUELINE.

On ne me croira pas. La belle apparence que je donne des rendez-vous pour payer des mémoires!

CLAVAROCHE.

On croit toujours ce qui est vrai. La vérité a un accent impossible à méconnaître, et les cœurs bien nés ne s'y trompent jamais. N'est-ce donc pas, en effet, à vos commissions que vous employez ce jeune homme?

JACQUELINE,

Oui.

CLAVAROCHE.

Eh bien donc! puisque vous le faites, vous le direz, et on le verra bien. Qu'il ait les preuves dans sa poche, un écrin, comme hier, la première chose venue, cela suffira. Songez donc que, si nous n'employons ce moyen, nous en avons pour une année entière. Maître André s'embusque aujourd'hui, il se rembusquera demain, et ainsi de suite jusqu'à ce qu'il nous surprenne. Moins il trouvera, plus il cherchera; mais qu'il trouve une fois pour toutes, et nous en voilà délivrés.

JACQUELINE.

Cela est impossible! il n'y faut pas songer.

CLAVAROCHE.

Un rendez-vous dans un jardin n'est pas d'ailleurs un si gros péché. A la rigueur, si vous craignez l'air, vous n'avez qu'à ne pas descendre. On ne trouvera que le jeune homme, et il s'en tirera toujours. Il serait plaisant qu'une femme ne puisse prouver qu'elle est innocente quand elle l'est. Allons! vos tablettes, et prenez-moi le crayon que voici.

JACQUELINE.

Vous n'y pensez pas, Clavaroche; c'est un guet-apens que vous faites là.

CLAVAROCHE, lui présentant un crayon et du papier.

Écrivez donc, je vous en prie : *A minuit, ce soir, au jardin.*

JACQUELINE.

C'est envoyer cet enfant dans un piège, c'est le livrer à l'ennemi.

CLAVAROCHE.

Ne signez pas, c'est inutile.

Il prend le papier.

Franchement, ma chère, la nuit sera fraîche, et

vous ferez mieux de rester chez vous. Laissez ce jeune homme se promener seul, et profiter du temps qu'il fait. Je pense, comme vous, qu'on aurait peine à croire que c'est pour vos marchands qu'il vient. Vous ferez mieux, si on vous interroge, de dire que vous ignorez tout, et que vous n'êtes pour rien dans l'affaire.

JACQUELINE.

Ce mot d'écrit sera un témoin.

CLAVAROCHE.

Fi donc ! nous autres gens de cœur, pensez-vous que nous allions montrer à un mari de l'écriture de sa femme? Que pourrions-nous y gagner? En serions-nous donc moins coupables de ce qu'un crime serait partagé? D'ailleurs vous voyez bien que votre main tremblait un peu sans doute, et que ces caractères sont presque déguisés. Allons ! je vais donner cette lettre au jardinier, Fortunio l'aura tout de suite. Venez; les vautours ont leur proie, et l'oiseau de Vénus, la pâle tourterelle, peut dormir en paix sur son nid.

Ils sortent.

SCÈNE II

Une charmille.

FORTUNIO, seul, assis sur l'herbe.

Rendre un jeune homme amoureux de soi, uniquement pour détourner sur lui les soupçons tombés sur un autre; lui laisser croire qu'on l'aime, le lui dire au besoin; troubler peut-être bien des nuits tranquilles; remplir de doute et d'espérance un cœur jeune et prêt à souffrir; jeter une pierre dans un lac qui n'avait jamais eu encore une seule ride à sa surface; exposer un homme aux soupçons, à tous les dangers de l'amour heureux, et cependant ne lui rien accorder; rester immobile et inanimée dans une œuvre de vie et de mort; tromper, mentir, — mentir du fond du cœur; faire de son corps un appât; jouer avec tout ce qu'il y a de sacré sous le ciel, comme un voleur avec des dés pipés; voilà ce qui fait sourire une femme! voilà ce qu'elle fait d'un petit air distrait.

Il se lève.

C'est ton premier pas, Fortunio, dans l'apprentissage du monde. Pense, réfléchis, compare, examine, ne te presse pas de juger. Cette femme-là a un amant qu'elle aime; on la soupçonne, on la tourmente, on la menace; elle est effrayée, elle va perdre l'homme qui remplit sa vie, qui est pour elle plus que le monde entier. Son mari se lève en sursaut, averti par un espion; il la réveille; il veut la traîner à la barre d'un tribunal. Sa famille va la renier, une ville entière va la maudire; elle est perdue et déshonorée, et cependant elle aime et ne peut cesser d'aimer. A tout prix il faut qu'elle sauve l'unique objet de ses inquiétudes, de ses angoisses et de ses douleurs; il faut qu'elle aime pour continuer de vivre, et qu'elle trompe pour aimer. Elle se penche à sa fenêtre, elle voit un jeune homme au bas : qui est-ce? Elle ne le connaît point, elle n'a jamais rencontré son visage; est-il bon ou méchant, discret ou perfide, sensible ou insouciant? elle n'en sait rien; elle a besoin de lui, elle l'appelle, elle lui fait signe, elle ajoute une fleur à sa parure, elle parle, elle a mis sur une carte le bonheur de sa vie, et elle joue à rouge ou noir. Si elle s'était aussi bien adressée à Guillaume qu'à moi, que serait-il arrivé de cela? Guillaume est un garçon honnête, mais qui ne s'est jamais aperçu que son cœur lui servît à autre chose qu'à respirer. Guillaume aurait été ravi d'aller dîner chez son patron, d'être à côté de Jacqueline à table, tout comme j'en ai été ravi moi-même; mais il n'en aurait pas vu davantage; il ne serait devenu amoureux que de la cave de maître André; il ne se serait point jeté à genoux, il n'aurait point écouté aux portes; c'eût été pour lui tout profit.

Quel mal y eût-il eu alors qu'on se servît de lui à l'insu, pour détourner les soupçons d'un mari? Aucun. Il eût paisiblement rempli l'office qu'on lui eût demandé; il eût vécu heureux, tranquille, dix ans sans s'en apercevoir. Jacqueline aussi eût été heureuse, tranquille, dix ans sans lui dire un mot. Elle lui aurait fait des coquetteries, et il y aurait répondu; mais rien n'eût tiré à conséquence. Tout se serait passé à merveille, et personne ne pourrait se plaindre le jour où la vérité viendrait.

Il se rassoit.

Pourquoi s'est-elle adressée à moi? Savait-elle donc que je l'aimais? Pourquoi à moi plutôt qu'à Guillaume? Est-ce hasard? est-ce calcul? Peut-être au fond se doutait-elle que je n'étais pas indifférent. M'avait-elle vu à cette fenêtre? S'était-elle jamais retournée le soir quand je l'observais dans le jardin? Mais si elle savait que je l'aimais, pourquoi alors? Parce que cet amour rendait son projet plus facile, et que j'allais, dès le premier mot, me prendre au piège qu'elle me tendait. Mon amour n'était qu'une chance favorable; elle n'y a vu qu'une occasion.

Est-ce bien sûr? N'y a-t-il rien autre chose? Quoi! elle voit que je vais souffrir et elle ne pense qu'à en profiter! Quoi! elle me trouve sur ses traces, l'amour dans le cœur, le désir dans les yeux, jeune et ardent, prêt à mourir pour elle, et lorsque, me voyant à ses pieds, elle me sourit et me dit qu'elle m'aime, c'est un calcul, et rien de plus! Rien, rien de vrai dans ce sourire, dans cette main qui m'effleure la main, dans ce son de voix qui m'enivre? O Dieu juste! s'il en est ainsi, à quel monstre ai-je donc affaire, et dans quel abîme suis-je tombé?

<small>Il se lève.</small>

Non, tant d'horreur n'est pas possible! Non, une femme ne saurait être une statue malfaisante, à la fois vivante et glacée! Non, quand je le verrais de mes yeux, quand je l'entendrais de sa bouche, je ne croirais pas à un pareil métier. Non, quand elle me souriait, elle ne m'aimait pas pour cela, mais elle souriait de voir que je l'aimais. Quand elle me tendait la main, elle ne me donnait pas son cœur, mais elle laissait le mien se donner. Quand elle me disait : « Je vous aime », elle voulait dire : « Aimez-moi. » Non, Jacqueline n'est pas méchante; il n'y a là ni calcul, ni froideur. Elle ment, elle trompe, elle est femme; elle est coquette, railleuse, joyeuse, audacieuse, mais non infâme, non insensible. Ah! insensé, tu l'aimes! tu l'aimes! tu pries, tu pleures, et elle se rit de toi!

<small>Entre Madelon.</small>

MADELON.

Ah! Dieu merci! je vous trouve enfin; Madame vous demande, elle est dans sa chambre. Venez vite, elle vous attend.

FORTUNIO.

Sais-tu ce qu'elle a à me dire ? Je ne saurais y aller maintenant.

MADELON.

Vous avez donc affaire aux arbres? Elle est bien inquiète, allez! toute la maison est en colère.

LE JARDINIER, entrant.

Vous voilà donc, Monsieur? on vous cherche partout; voilà un mot d'écrit pour vous, que notre maîtresse m'a donné tantôt.

FORTUNIO, lisant.

A minuit, ce soir, au jardin.
Haut.

C'est de la part de Jacqueline?

LE JARDINIER.

Oui, Monsieur; y a-t-il une réponse ?

GUILLAUME, entrant.

Que fais-tu donc, Fortunio? on te demande dans l'étude.

FORTUNIO.

J'y vais, j'y vais.
Bas à Madelon.

Qu'est-ce que tu disais tout à l'heure ? Quelle inquiétude a ta maîtresse?

MADELON, bas.

C'est un secret; maître André s'est fâché.

FORTUNIO, de même.

Il s'est fâché? Pour quelle raison ?

MADELON, de même.

Il s'est mis en tête que Madame recevait quelqu'un en secret. Vous n'en direz rien, n'est-ce pas? Il veut se cacher cette nuit dans l'étude ; c'est moi qui ai découvert cela, et si je vous le dis, dame ! c'est que je pense que vous n'y êtes pas indifférent.

FORTUNIO.

Pourquoi se cacher dans l'étude?

MADELON.

Pour tout surprendre et faire son procès.

FORTUNIO.

En vérité ? est-ce possible ?

LE JARDINIER.

Y a-t-il réponse, Monsieur?

FORTUNIO.

J'y vais moi-même; allons, partons.

Ils sortent.

SCÈNE III

Une chambre.

JACQUELINE, seule.

Non, cela ne se fera pas. Qui sait ce qu'un homme comme maître André, une fois poussé à la violence, peut inventer pour se venger? Je n'enverrai pas ce jeune homme à un péril si affreux. Ce Clavaroche est sans pitié; tout est pour lui champ de bataille, et il n'a d'entrailles pour rien. A quoi bon exposer Fortunio, lorsqu'il n'y a rien de si simple que de n'exposer ni soi ni personne? Je veux croire que tout soupçon s'évanouirait par ce moyen; mais le moyen lui-même est un mal, et je ne veux pas l'employer. Non, cela me coûte et me déplaît; je ne veux pas que ce garçon soit maltraité; puisqu'il dit qu'il m'aime, eh bien! soit; je ne rends pas le mal pour le bien.

Entre Fortunio.

On a dû vous remettre un billet de ma part; l'avez-vous lu?

FORTUNIO.

On me l'a remis, et je l'ai lu; vous pouvez disposer de moi.

JACQUELINE.

C'est inutile, j'ai changé d'avis; déchirez-le, et n'en parlons jamais.

FORTUNIO.

Puis-je vous servir en quelque autre chose?

JACQUELINE, à part.

C'est singulier, il n'insiste pas.

Haut.

Mais non, je n'ai pas besoin de vous. Je vous avais demandé votre chanson.

FORTUNIO.

La voilà. Sont-ce tous vos ordres?

JACQUELINE.

Oui, — je crois que oui. Qu'avez-vous donc ? Vous êtes pâle, ce me semble.

FORTUNIO.

Si ma présence vous est inutile, permettez-moi de me retirer.

JACQUELINE.

Je l'aime beaucoup, cette chanson, elle a un petit air naïf qui va avec votre coiffure, et elle est bien faite par vous.

FORTUNIO.

Vous avez beaucoup d'indulgence.

JACQUELINE.

Oui, voyez-vous ! j'avais eu d'abord l'idée de vous faire venir ; mais j'ai réfléchi, c'est une folie ; je vous ai trop vite écouté. — Mettez-vous donc au piano, et chantez-moi votre romance.

FORTUNIO.

Excusez-moi, je ne saurais maintenant.

JACQUELINE.

Et pourquoi donc ? Êtes-vous souffrant, ou si c'est un méchant caprice ? J'ai presque envie de vouloir que vous chantiez bon gré mal gré. Est-ce que je n'ai pas quelque droit de seigneur sur cette feuille de papier-là ?

Elle place la chanson sur le piano.

FORTUNIO.

Ce n'est pas mauvaise volonté ; je ne puis rester

plus longtemps, et maître André a besoin de moi.

JACQUELINE.

Il me plaît assez que vous soyez grondé ; asseyez-vous là et chantez.

FORTUNIO.

Si vous l'exigez, j'obéis.

Il s'assoit.

JACQUELINE.

Eh bien ! à quoi pensez-vous donc ? Est-ce que vous attendez qu'on vienne ?

FORTUNIO.

Je souffre, ne me retenez pas.

JACQUELINE.

Chantez d'abord, nous verrons ensuite si vous souffrez et si je vous retiens. Chantez, vous dis-je, je le veux. Vous ne chantez pas ? Eh bien ! que fait-il donc ? Allons, voyons ! si vous chantez, je vous donne le bout de ma mitaine.

FORTUNIO.

Tenez ! Jacqueline, écoutez-moi : vous auriez mieux fait de me le dire, et j'aurais consenti à tout.

JACQUELINE.

Qu'est-ce que vous dites ? de quoi parlez-vous ?

FORTUNIO.

Oui, vous auriez mieux fait de me le dire ; oui, devant Dieu, j'aurais tout fait pour vous.

JACQUELINE.

Tout fait pour moi ? qu'entendez-vous par là ?

FORTUNIO.

Ah! Jacqueline, Jacqueline! il faut que vous l'aimiez beaucoup : il doit vous en coûter de mentir et de railler ainsi sans pitié.

JACQUELINE.

Moi, je vous raille? Qui vous l'a dit?

FORTUNIO.

Je vous en supplie, ne mentez pas davantage; en voilà assez, je sais tout.

JACQUELINE.

Mais enfin, qu'est-ce que vous savez?

FORTUNIO.

J'étais hier dans votre chambre lorsque Clavaroche était là.

JACQUELINE.

Est-ce possible? Vous étiez dans l'alcôve?

FORTUNIO.

Oui, j'y étais; au nom du Ciel! ne dites pas un mot là-dessus.

Un silence.

JACQUELINE.

Puisque vous savez tout, Monsieur, il ne me reste maintenant qu'à vous prier de garder le silence. Je sens assez mes torts envers vous pour ne pas même vouloir tenter de les affaiblir à vos yeux. Ce que la nécessité commande, et ce à quoi elle peut entraîner, un autre que vous le comprendrait peut-être, et pourrait, sinon pardonner, du moins excuser ma conduite; mais vous êtes malheureusement une partie trop intéressée pour en juger avec indulgence. Je suis résignée et j'attends.

FORTUNIO.

N'ayez aucune espèce de crainte. Si je fais rien qui puisse vous nuire, je me coupe cette main-là.

JACQUELINE.

Il me suffit de votre parole, et je n'ai pas le droit d'en douter. Je dois même dire que, si vous l'oubliiez, j'aurais encore moins le droit de m'en plaindre. Mon imprudence doit porter sa peine. C'est sans vous connaître, Monsieur, que je me suis adressée à vous. Si cette circonstance rend ma faute moindre, elle rendait mon danger plus grand. Puisque je m'y suis exposée, traitez-moi donc comme vous l'entendrez. Quelques paroles échangées hier voudraient peut-être une explication. Ne pouvant tout justifier, j'aime mieux me taire sur tout. Laissez-moi croire que votre orgueil est la seule personne offensée. Si cela est, que ces deux jours s'oublient ; plus tard, nous en reparlerons.

FORTUNIO.

Jamais ; c'est le souhait de mon cœur.

JACQUELINE.

Comme vous voudrez ; je dois obéir. Si cependant je ne dois plus vous voir, j'aurais un mot à ajouter. De vous à moi, je suis sans crainte, puisque vous me promettez le silence ; mais il existe une autre personne dont la présence dans cette maison peut avoir des suites fâcheuses.

FORTUNIO.

Je n'ai rien à dire à ce sujet.

JACQUELINE.

Je vous demande de m'écouter. Un éclat entre vous et lui, vous le sentez, est fait pour me perdre. Je ferai tout pour le prévenir. Quoi que vous puissiez exiger, je m'y soumettrai sans murmure. Ne me quittez pas sans y réfléchir; dictez vous-même les conditions. Faut-il que la personne dont je parle s'éloigne d'ici pendant quelque temps? Faut-il qu'elle s'excuse près de vous? Ce que vous jugerez convenable sera reçu par moi comme une grâce, et par elle comme un devoir. Le souvenir de quelques plaisanteries m'oblige à vous interroger sur ce point. Que décidez-vous? répondez.

FORTUNIO.

Je n'exige rien; vous l'aimez, soyez en paix tant qu'il vous aimera.

JACQUELINE.

Je vous remercie de ces deux promesses. Si vous veniez à vous en repentir, je vous répète que toute condition sera reçue, imposée par vous. Comptez sur ma reconnaissance. Puis-je dès à présent réparer autrement mes torts? Est-il en ma disposition quelque moyen de vous obliger? Quand vous ne devriez pas me croire, je vous avoue que je ferais tout au monde pour vous laisser de moi un souvenir moins désavantageux. Que puis-je faire? je suis à vos ordres.

FORTUNIO.

Rien. Adieu, Madame. Soyez sans crainte; vous n'aurez jamais à vous plaindre de moi.
<small>Il va pour sortir et prend sa romance.</small>

JACQUELINE.

Ah! Fortunio, laissez-moi cela.

FORTUNIO.

Et qu'en ferez-vous, cruelle que vous êtes? Vous me parlez depuis un quart d'heure, et rien du cœur ne vous sort des lèvres. Il s'agit bien de vos excuses, de sacrifices et de réparations! Il s'agit bien de votre Clavaroche et de sa sotte vanité! il s'agit bien de mon orgueil! Vous croyez donc l'avoir blessé? Vous croyez donc que ce qui m'afflige, c'est d'avoir été pris pour dupe et plaisanté à ce dîner? Je ne m'en souviens seulement pas. Quand je vous dis que je vous aime, vous croyez donc que je n'en sens rien? Quand je vous parle de deux ans de souffrances, vous croyez donc que je fais comme vous? Eh quoi! vous me brisez le cœur, vous prétendez vous en repentir, et c'est ainsi que vous me quittez! La nécessité, dites-vous, vous a fait commettre une faute, et vous en avez du regret; vous rougissez, vous détournez la tête; ce que je souffre vous fait pitié; vous me voyez, vous comprenez votre œuvre; et la blessure que vous m'avez faite, voilà comme vous la guérissez! Ah! elle est au cœur, Jacqueline, et vous n'aviez qu'à tendre la main. Je vous le jure, si vous l'aviez voulu, quelque honteux qu'il soit de le dire, quand vous en souririez vous-même, j'étais capable de consentir à tout. O Dieu! la force m'abandonne; je ne peux pas sortir d'ici.

Il s'appuie sur un meuble.

JACQUELINE.

Pauvre enfant! je suis bien coupable. Tenez, respirez ce flacon.

FORTUNIO.

Ah! gardez-les, gardez-les pour lui, ces soins dont je ne suis pas digne; ce n'est pas pour moi qu'ils sont faits. Je n'ai pas l'esprit inventif, je ne suis ni heureux ni habile; je ne saurais à l'occasion forger un profond stratagème. Insensé! j'ai cru être aimé! Oui, parce que vous m'aviez souri, parce que votre main tremblait dans la mienne, parce que vos yeux semblaient chercher mes yeux et m'inviter comme deux anges à un festin de joie et de vie; parce que vos lèvres s'étaient ouvertes, et qu'un vain son en était sorti; oui, je l'avoue, j'avais fait un rêve, j'avais cru qu'on aimait ainsi! Quelle misère! Est-ce à une parade que votre sourire m'avait félicité de la beauté de mon cheval? Est-ce le soleil, dardant sur mon casque, qui vous avait ébloui les yeux? Je sortais d'une salle obscure, d'où je suivais depuis deux ans vos promenades dans une allée; j'étais un pauvre dernier clerc qui s'ingérait de pleurer en silence. C'était bien là ce qu'on pouvait aimer!

JACQUELINE.

Pauvre enfant!

FORTUNIO.

Oui, pauvre enfant! dites-le encore, car je ne sais si je rêve ou si je veille, et, malgré tout, si vous ne m'aimez pas. Depuis hier je suis assis à terre, je me frappe le cœur et le front; je me rappelle ce que mes yeux ont vu, ce que mes oreilles ont entendu, et je me demande si c'est possible. A l'heure qu'il est, vous me le dites, je le sens, j'en souffre, j'en meurs, et je n'y crois ni ne le comprends. Que vous avais-je fait, Jacqueline? Comment se peut-il que, sans aucun motif, sans avoir pour moi ni amour ni haine, sans me connaître, sans m'avoir jamais vu; comment se peut-il que vous que tout le monde aime, que j'ai vue faire la charité et arroser ces fleurs que voilà, qui êtes bonne, qui croyez en Dieu, à qui jamais... Ah! je vous accuse, vous que j'aime plus que ma vie! ô Ciel! vous ai-je fait un reproche? Jacqueline, pardonnez-moi.

JACQUELINE.

Calmez-vous, venez, calmez-vous.

FORTUNIO.

Et à quoi suis-je bon, grand Dieu! sinon à vous donner ma vie? sinon au plus chétif usage que vous voudrez faire de moi? sinon à vous suivre, à vous préserver, à écarter de vos pieds une épine? J'ose me plaindre, et vous m'aviez choisi! ma place était à votre table, j'allais compter dans votre existence. Vous alliez dire à la nature entière, à ces jardins, à ces prairies, de me sourire comme vous; votre belle et radieuse image commençait à marcher devant moi, et je la suivais; j'allais vivre... Est-ce que je vous perds, Jacqueline? est-ce que j'ai fait quelque chose pour que vous me chassiez? pourquoi donc ne voulez-vous pas faire encore semblant de m'aimer?

Il tombe sans connaissance.

JACQUELINE, courant à lui.

Seigneur mon Dieu! qu'est-ce que j'ai fait? Fortunio, revenez à vous.

FORTUNIO.

Qui êtes-vous? laissez-moi partir.

JACQUELINE.

Appuyez-vous, venez à la fenêtre; de grâce, appuyez-vous sur moi; posez ce bras sur mon épaule, je vous en supplie, Fortunio.

FORTUNIO.

Ce n'est rien, me voilà remis.

JACQUELINE.

Comme il est pâle, comme son cœur bat! Voulez-vous vous mouiller les tempes? Prenez ce coussin, prenez ce mouchoir. Vous suis-je tellement odieuse que vous me refusiez cela?

FORTUNIO.

Je me sens mieux, je vous remercie.

JACQUELINE.

Comme ces mains-là sont glacées! Où allez-vous? vous ne pouvez sortir. Attendez du moins un instant. Puisque je vous fais tant souffrir, laissez-moi, du moins, vous soigner.

FORTUNIO.

C'est inutile, il faut que je descende. Pardonnez-moi ce que j'ai pu vous dire; je n'étais pas maître de mes paroles.

JACQUELINE.

Que voulez-vous que je vous pardonne? Hélas! c'est vous qui ne pardonnez pas. Mais qui vous presse? pourquoi me quitter? Vos regards cherchent quelque chose. Ne me reconnaissez-vous pas? Restez en repos, je vous en conjure. Pour l'amour de moi, Fortunio, vous ne pouvez sortir encore.

FORTUNIO.

Non! adieu, je ne puis rester.

JACQUELINE.

Ah! je vous ai fait bien du mal.

FORTUNIO.

On me demandait quand je suis monté; adieu, Madame, comptez sur moi.

JACQUELINE.

Vous reverrai-je?

FORTUNIO.

Si vous voulez.

JACQUELINE.

Monterez-vous ce soir au salon?

FORTUNIO.

Si cela vous plaît.

JACQUELINE.

Vous partez donc? — encore un instant!

FORTUNIO.

Adieu! adieu! je ne puis rester.

Il sort.

JACQUELINE appelle.

Fortunio! écoutez-moi!

FORTUNIO, rentrant.

Que me voulez-vous, Jacqueline?

JACQUELINE.

Écoutez-moi, il faut que je vous parle. Je ne veux pas vous demander pardon; je ne veux revenir sur rien; je ne veux pas me justifier. Vous êtes bon, brave et sincère; j'ai été fausse et déloyale : je ne peux pas vous quitter ainsi.

FORTUNIO.

Je vous pardonne de tout mon cœur.

JACQUELINE.

Non, vous souffrez, le mal est fait. Où allez-vous? que voulez-vous faire? comment se peut-il, sachant tout, que vous soyez revenu ici?

FORTUNIO.

Vous m'aviez fait demander.

JACQUELINE.

Mais vous veniez pour me dire que je vous verrais à ce rendez-vous. Est-ce que vous y seriez venu ?

FORTUNIO.

Oui, si c'était pour vous rendre service, et je vous avoue que je le croyais.

JACQUELINE.

Pourquoi pour me rendre service ?

FORTUNIO.

Madelon m'a dit quelques mots...

JACQUELINE.

Vous le saviez, malheureux, et vous veniez à ce jardin !

FORTUNIO.

Le premier mot que je vous aie dit de ma vie, c'est que je mourrais de bon cœur pour vous, et le second, c'est que je ne mentais jamais.

JACQUELINE.

Vous le saviez et vous veniez? Songez-vous à ce que vous dites ? Il s'agissait d'un guet-apens.

FORTUNIO.

Je savais tout.

JACQUELINE.

Il s'agissait d'être surpris, d'être tué peut-être, traîné en prison; que sais-je? C'est horrible à dire.

FORTUNIO.

Je savais tout.

JACQUELINE.

Vous saviez tout? vous saviez tout? Vous étiez caché là, hier, dans cette alcôve, derrière ce rideau. Vous écoutiez, n'est-il pas vrai? vous saviez encore tout, n'est-ce pas?

FORTUNIO.

Oui.

JACQUELINE.

Vous saviez que je mens, que je trompe, que je vous raille, et que je vous tue? vous saviez que j'aime Clavaroche et qu'il me fait faire tout ce qu'il veut? que je joue une comédie? que là, hier, je vous ai pris pour dupe? que je suis lâche et méprisable? que je vous expose à la mort par plaisir? Vous saviez tout; vous en étiez sûr? Eh bien! eh bien... qu'est-ce que vous savez maintenant?

FORTUNIO.

Mais, Jacqueline, je crois... je sais...

JACQUELINE.

Sais-tu que je t'aime, enfant que tu es? qu'il faut que tu me pardonnes ou que je meure, et que je te le demande à genoux?

SCÈNE IV

La salle à manger.

MAITRE ANDRÉ, CLAVAROCHE, FORTUNIO
et JACQUELINE, à table.

MAITRE ANDRÉ.

Grâces au Ciel, nous voilà tous joyeux, tous réunis et tous amis. Si je doute jamais de ma femme, puisse mon vin m'empoisonner !

JACQUELINE.

Donnez-moi donc à boire, Monsieur Fortunio.

CLAVAROCHE, bas.

Je vous répète que votre clerc m'ennuie ; faites-moi la grâce de le renvoyer.

JACQUELINE, bas.

Je fais ce que vous m'avez dit.

MAITRE ANDRÉ.

Quand je pense qu'hier j'ai passé la nuit dans l'étude à me morfondre sur un maudit soupçon, je ne sais de quel nom m'appeler.

JACQUELINE.

Monsieur Fortunio, donnez-moi ce coussin.

CLAVAROCHE, bas.

Me croyez-vous un autre maître André ? Si votre clerc ne sort de la maison, j'en sortirai tantôt moi-même.

JACQUELINE.

Je fais ce que vous m'avez dit.

MAITRE ANDRÉ.

Mais je l'ai conté à tout le monde; il faut que justice se fasse ici-bas. Toute la ville saura qui je suis; et désormais, pour pénitence, je ne douterai de quoi que ce soit.

JACQUELINE.

Monsieur Fortunio, je bois à vos amours.

CLAVAROCHE, bas.

En voilà assez, Jacqueline, et je comprends ce que cela signifie. Ce n'est pas là ce que je vous ai dit.

MAITRE ANDRÉ.

Oui! aux amours de Fortunio!

Il chante.

Amis, buvons, buvons sans cesse.

FORTUNIO.

Cette chanson-là est bien vieille; chantez donc, Monsieur Clavaroche!

IL NE FAUT JURER
DE RIEN
COMÉDIE EN TROIS ACTES

Publiée en 1836, représentée en 1848

PERSONNAGES

VAN BUCK, négociant.
VALENTIN VAN BUCK, son neveu.
Un Abbé.
Un Maitre de danse.
Un Aubergiste.
Un Garçon.
LA BARONNE DE MANTES.
CÉCILE, sa fille.

La scène est à Paris dans la première partie de l'acte premier, et ensuite au château de la baronne.

IL FAUT JURER DE RIEN
(Acte II, Scène I)

IL NE FAUT JURER

DE RIEN

ACTE PREMIER

SCÈNE PREMIÈRE

La chambre de Valentin.

VALENTIN, assis. — Entre VAN BUCK.

VAN BUCK.
Monsieur mon neveu, je vous souhaite le bonjour.

VALENTIN.
Monsieur mon oncle, votre serviteur.

VAN BUCK.

Restez assis ; j'ai à vous parler.

VALENTIN.

Asseyez-vous ; j'ai donc à vous entendre. Veuillez vous mettre dans la bergère, et poser là votre chapeau.

VAN BUCK, s'asseyant.

Monsieur mon neveu, la plus longue patience et la plus robuste obstination doivent, l'une ou l'autre, finir tôt ou tard. Ce qu'on tolère devient intolérable, incorrigible ce qu'on ne corrige pas ; et qui vingt fois a jeté la perche à un fou qui veut se noyer peut être forcé un jour ou l'autre de l'abandonner ou de périr avec lui.

VALENTIN.

Oh! oh! voilà qui est débuter, et vous avez là des métaphores qui se sont levées de grand matin.

VAN BUCK.

Monsieur, veuillez garder le silence, et ne pas vous permettre de me plaisanter. C'est vainement que les plus sages conseils, depuis trois ans, tentent de mordre sur vous. Une insouciance ou une fureur aveugle, des résolutions sans effet, mille prétextes inventés à plaisir, une maudite condescendance, tout ce que j'ai pu ou puis faire encore (mais, par ma barbe! je ne ferai plus rien!)... Où me menez-vous à votre suite ? Vous êtes aussi entêté...

####### VALENTIN.

Mon oncle Van Buck, vous êtes en colère.

####### VAN BUCK.

Non, Monsieur; n'interrompez pas. Vous êtes aussi obstiné que je me suis, pour mon malheur, montré crédule et patient. Est-il croyable, je vous le demande, qu'un jeune homme de vingt-cinq ans passe son temps comme vous le faites? De quoi servent mes remontrances? et quand prendrez-vous un état? Vous êtes pauvre, puisqu'au bout du compte vous n'avez de fortune que la mienne; mais, finalement, je ne suis pas moribond, et je digère encore vertement. Que comptez-vous faire d'ici à ma mort?

####### VALENTIN.

Mon oncle Van Buck, vous êtes en colère, et vous allez vous oublier.

####### VAN BUCK.

Non, Monsieur; je sais ce que je fais. Si je suis le seul de la famille qui se soit mis dans le commerce, c'est grâce à moi, ne l'oubliez pas, que les débris d'une fortune détruite ont pu encore se relever. Il vous sied bien de sourire quand je parle! Si je n'avais pas vendu du guingan à Anvers, vous seriez maintenant à l'hôpital avec votre robe de chambre à fleurs. Mais, Dieu merci, vos chiennes de bouillottes...

####### VALENTIN.

Mon oncle Van Buck, voilà le trivial; vous

changez de ton, vous vous oubliez; vous aviez mieux commencé que cela.

VAN BUCK.

Sacrebleu! tu te moques de moi? Je ne suis bon apparemment qu'à payer tes lettres de change? J'en ai reçu une ce matin : soixante louis! te railles-tu des gens? Il te sied bien de faire le fashionable (que le diable soit des mots anglais!), quand tu ne peux pas payer ton tailleur! C'est autre chose de descendre d'un beau cheval pour retrouver au fond d'un hôtel une bonne famille opulente, ou de sauter à bas d'un carrosse de louage pour grimper deux ou trois étages. Avec tes gilets de satin, tu demandes, en rentrant du bal, ta chandelle à ton portier, et il regimbe quand il n'a pas eu ses étrennes. Dieu sait si tu les lui donnes tous les ans! Lancé dans un monde plus riche que toi, tu puises, chez tes amis, le dédain de toi-même; tu portes ta barbe en pointe et tes cheveux sur les épaules, comme si tu n'avais pas seulement de quoi acheter un ruban pour te faire une queue. Tu écrivailles dans les gazettes; tu es capable de te faire saint-simonien quand tu n'auras plus ni sou ni maille, et cela viendra, je t'en réponds. Va, va! un écrivain public est plus estimable que toi. Je finirai par te couper les vivres, et tu mourras dans un grenier.

VALENTIN.

Mon bon oncle Van Buck, je vous respecte et

je vous aime. Faites-moi la grâce de m'écouter. Vous avez payé ce matin une lettre de change à mon intention. Quand vous êtes venu, j'étais à la fenêtre et je vous ai vu arriver; vous méditiez un sermon juste aussi long qu'il y a d'ici chez vous. Épargnez, de grâce, vos paroles. Ce que vous pensez, je le sais; ce que vous dites, vous ne le pensez pas toujours; ce que vous faites, je vous en remercie. Que j'aie des dettes et que je ne sois bon à rien, cela se peut; qu'y voulez-vous faire? Vous avez soixante mille livres de rente...

VAN BUCK.

Cinquante.

VALENTIN.

Soixante, mon oncle; vous n'avez pas d'enfants, et vous êtes plein de bonté pour moi. Si j'en profite, où est le mal? Avec soixante bonnes mille livres de rente...

VAN BUCK.

Cinquante, cinquante; pas un denier de plus.

VALENTIN.

Soixante; vous me l'avez dit vous-même.

VAN BUCK.

Jamais. Où as-tu pris cela?

VALENTIN.

Mettons cinquante. Vous êtes jeune, gaillard encore, et bon vivant. Croyez-vous que cela me fâche, et que j'aie soif de votre bien? Vous ne me faites pas tant d'injure; et vous savez que les mauvaises têtes n'ont pas toujours les plus mauvais cœurs. Vous me querellez de ma robe de chambre : vous en avez porté bien d'autres. Ma barbe en pointe ne veut pas dire que je sois un saint-simonien : je respecte trop l'héritage. Vous vous plaignez de mes gilets : voulez-vous qu'on sorte en chemise? Vous me dites que je suis pauvre et que mes amis ne le sont pas : tant mieux pour eux, ce n'est pas ma faute. Vous imaginez qu'ils me gâtent et que leur exemple me rend dédaigneux : je ne le suis que de ce qui m'ennuie; et, puisque vous payez mes dettes, vous voyez bien que je n'emprunte pas. Vous me reprochez d'aller en fiacre : c'est que je n'ai pas de voiture. Je prends, dites-vous, en rentrant, ma chandelle chez mon portier : c'est pour ne pas monter sans lumière; à quoi bon se casser le cou? Vous voudriez me voir un état : faites-moi nommer premier ministre, et vous verrez comme je ferai mon chemin. Mais, quand je serai surnuméraire dans l'entresol d'un avoué, je vous demande ce que j'y apprendrai, sinon que tout est vanité. Vous dites que je joue à la bouillotte : c'est que j'y gagne quand j'ai brelan; mais soyez sûr que je n'y perds pas plus tôt que je me repens de ma sottise. Ce serait, dites-vous, autre chose si je descendais d'un beau cheval pour entrer dans un bon hôtel : je le crois bien! vous en parlez à votre aise. Vous ajoutez que vous êtes fier, quoique vous ayez vendu du guingan; et plût à Dieu que j'en vendisse! ce serait la preuve que je pourrais en acheter. Pour ma noblesse, elle m'est aussi chère qu'elle peut vous l'être à vous-même; mais c'est pourquoi je ne m'attelle pas, ni plus que moi les chevaux de pur sang. Tenez! mon oncle, ou je me trompe, ou vous n'avez pas déjeuné. Vous êtes resté le cœur à jeun sur cette maudite lettre de change : avalons-la de compagnie; je vais demander le chocolat.

Il sonne. On sert à déjeuner.

VAN BUCK.

Quel déjeuner! Le diable m'emporte! tu vis comme un prince.

VALENTIN.

Eh! que voulez-vous? quand on meurt de faim, il faut bien tâcher de se distraire.

Ils s'attablent.

VAN BUCK.

Je suis sûr que, parce que je me mets là, tu te figures que je te pardonne.

VALENTIN.

Moi? Pas du tout. Ce qui me chagrine, lorsque vous êtes irrité, c'est qu'il vous échappe malgré vous des expressions d'arrière-boutique. Oui, sans le savoir, vous vous écartez de cette fleur de politesse qui vous distingue particulièrement; mais, quand ce n'est pas devant témoins, vous comprenez que je ne vais pas le dire.

VAN BUCK.

C'est bon, c'est bon ; il ne m'échappe rien. Mais brisons là, et parlons d'autre chose. Tu devrais bien te marier.

VALENTIN.

Seigneur mon Dieu! qu'est-ce que vous dites?

VAN BUCK.

Donne-moi à boire. Je dis que tu prends de l'âge et que tu devrais te marier.

VALENTIN.

Mais, mon oncle, qu'est-ce que je vous ai fait?

VAN BUCK.

Tu m'as fait des lettres de change. Mais, quand tu ne m'aurais rien fait, qu'a donc le mariage de si effroyable? Voyons, parlons sérieusement. Tu serais, parbleu! bien à plaindre quand on te mettrait ce soir dans les bras une jolie fille bien élevée, avec cinquante mille écus sur la table pour t'égayer demain matin au réveil! Voyez un peu le grand malheur, et comme il y a de quoi faire l'ombrageux! Tu as des dettes, je te les payerai; une fois marié, tu te rangeras. Mlle de Mantes a tout ce qu'il faut...

VALENTIN.

Mlle de Mantes! Vous plaisantez!

VAN BUCK.

Puisque son nom m'est échappé, je ne plaisante pas. C'est d'elle qu'il s'agit, et si tu veux...

VALENTIN.

Et si elle veut. C'est comme dit la chanson :

> Je sais bien qu'il ne tiendrait qu'à moi
> De l'épouser si elle voulait.

VAN BUCK.

Non, c'est de toi que cela dépend. Tu es agréé, tu lui plais.

VALENTIN.

Je ne l'ai jamais vue de ma vie.

VAN BUCK.

Cela ne fait rien ; je te dis que tu lui plais.

VALENTIN.

En vérité?

VAN BUCK.

Je t'en donne ma parole.

VALENTIN.

Eh bien donc! elle me déplaît.

VAN BUCK.

Pourquoi?

VALENTIN.

Par la même raison que je lui plais.

VAN BUCK.

Cela n'a pas le sens commun de dire que les gens nous déplaisent, quand nous ne les connaissons pas.

VALENTIN.

Comme de dire qu'ils nous plaisent. Je vous en prie, ne parlons plus de cela.

VAN BUCK.

Mais, mon ami, en y réfléchissant (donne-moi à boire), il faut faire une fin.

VALENTIN.

Assurément, il faut mourir une fois dans sa vie.

VAN BUCK.

J'entends qu'il faut prendre un parti, et se caser. Que deviendras-tu? Je t'en avertis, un jour ou l'autre, je te laisserai là malgré moi. Je n'entends pas que tu me ruines, et, si tu veux être mon héritier, encore faut-il que tu puisses m'attendre. Ton mariage me coûterait, c'est vrai, mais une fois pour toutes, et moins, en somme, que tes folies. Enfin, j'aime mieux me débarrasser de toi; pense à cela : veux-tu une jolie femme, tes dettes payées et vivre en repos?

VALENTIN.

Puisque vous y tenez, mon oncle, et que vous parlez sérieusement, sérieusement je vais vous répondre : prenez du pâté et écoutez-moi.

VAN BUCK.

Voyons, quel est ton sentiment?

VALENTIN.

Sans vouloir remonter bien haut, ni vous lasser par trop de préambules, je commencerai par l'antiquité. Est-il besoin de vous rappeler la manière dont fut traité un homme qui ne l'avait mérité en rien; qui, toute sa vie, fut d'humeur douce, jusqu'à reprendre, même après sa faute, celle qui l'avait si outrageusement trompé? Frère d'ailleurs d'un puissant monarque, et couronné bien mal à propos...

VAN BUCK.

De qui diantre me parles-tu?

VALENTIN.

De Ménélas, mon oncle.

VAN BUCK.

Que le diable t'emporte et moi avec! Je suis bien sot de t'écouter.

VALENTIN.

Pourquoi? Il me semble tout simple...

VAN BUCK.

Maudit gamin! cervelle fêlée! il n'y a pas moyen de te faire dire un mot qui ait le sens commun.

Il se lève.

Allons! finissons! en voilà assez. Aujourd'hui la jeunesse ne respecte rien.

VALENTIN.

Mon oncle Van Buck, vous allez vous mettre en colère.

VAN BUCK.

Non, Monsieur; mais, en vérité, c'est une chose inconcevable. Imagine-t-on qu'un homme de mon âge serve de jouet à un bambin? Me prends-tu pour ton camarade, et faudra-t-il te répéter...

VALENTIN.

Comment ! mon oncle, est-il possible que vous n'ayez jamais lu Homère ?

VAN BUCK, se rasseyant.

Eh bien ! quand je l'aurais lu ?

VALENTIN.

Vous me parlez de mariage : il est tout simple que je vous cite le plus grand mari de l'antiquité.

VAN BUCK.

Je me soucie bien de tes proverbes. Veux-tu répondre sérieusement ?

VALENTIN.

Soit ; trinquons à cœur ouvert ; je ne serai compris de vous que si vous voulez bien ne pas m'interrompre. Je ne vous ai pas cité Ménélas pour faire parade de ma science, mais pour ne pas nommer beaucoup d'honnêtes gens. Faut-il m'expliquer sans réserve ?

VAN BUCK.

Oui, sur-le-champ, ou je m'en vais.

VALENTIN.

J'avais seize ans, et je sortais du collège, quand une belle dame de notre connaissance me distingua pour la première fois. A cet âge-là, peut-on savoir ce qui est innocent ou criminel ? J'étais un soir chez ma maîtresse, au coin du feu, son mari en tiers. Le mari se lève et dit qu'il va sortir. A ce mot, un regard rapide échangé entre ma belle et moi me fait bondir le cœur de joie : nous allions être seuls ! Je me retourne, et vois le pauvre homme mettant ses gants. Ils étaient en daim, de couleur verdâtre, trop larges et décousus au pouce. Tandis qu'il y enfonçait ses mains, debout au milieu de la chambre, un imperceptible sourire passa sur le coin des lèvres de la femme, et dessina comme une ombre légère les deux fossettes de ses joues. L'œil d'un amant voit seul de tels sourires, car on les sent plus qu'on ne les voit. Celui-ci m'alla jusqu'à l'âme, et je l'avalai comme un sorbet. Mais, par une bizarrerie étrange, le souvenir de ce moment de délices se lia invinciblement dans ma tête à celui de deux grosses mains rouges se débattant dans des gants verdâtres ; et je ne sais ce que ces mains, dans leur opération confiante, avaient de triste et de piteux, mais je n'y ai jamais pensé depuis sans que le féminin sourire vînt me chatouiller le coin des lèvres, et j'ai juré que jamais femme au monde ne me ganterait de ces gants-là.

VAN BUCK.

C'est-à-dire qu'en franc libertin tu doutes de la vertu des femmes, et que tu as peur que les autres te rendent le mal que tu leur as fait.

VALENTIN.

Vous l'avez dit : j'ai peur du diable, et je ne veux pas être ganté.

VAN BUCK.
Bah! c'est une idée de jeune homme.
VALENTIN.
Comme il vous plaira; c'est la mienne; dans une trentaine d'années, si j'y suis, ce sera une idée de vieillard, car je ne me marierai jamais.
VAN BUCK.
Prétends-tu que toutes les femmes soient fausses, et que tous les maris soient trompés?
VALENTIN.
Je ne prétends rien, et je n'en sais rien. Je prétends, quand je vais dans la rue, ne pas me jeter sous les roues des voitures; quand je dîne, ne pas manger de merlan; quand j'ai soif, ne pas boire dans un verre cassé, et, quand je vois une femme, ne pas l'épouser; et encore je ne suis pas sûr de n'être ni écrasé, ni étranglé, ni brèche-dent, ni...
VAN BUCK.
Fi donc! Mlle de Mantes est sage et bien élevée; c'est une bonne petite fille.
VALENTIN.
A Dieu ne plaise que j'en dise du mal! Elle est sans doute la meilleure du monde. Elle est bien élevée, dites-vous. Quelle éducation a-t-elle reçue? La conduit-on au bal, au spectacle, aux courses de chevaux? Sort-elle seule en fiacre, le matin, à midi, pour revenir à six heures? A-t-elle une femme de chambre adroite, un escalier dérobé? A-t-elle vu *la Tour de Nesle,* et lit-elle les

romans de M. de Balzac? La mène-t-on, après un bon dîner, les soirs d'été, quand le vent est au sud, voir lutter aux Champs-Élysées dix ou douze gaillards nus, aux épaules carrées? A-t-elle pour maître un beau valseur, grave et frisé, au jarret prussien, qui lui serre les doigts quand elle a bu du punch? Reçoit-elle des visites en tête à tête, l'après-midi, sur un sofa élastique, sous le demi-jour d'un rideau rose? A-t-elle à sa porte un verrou doré, qu'on pousse du petit doigt en tournant la tête, et sur lequel retombe mollement une tapisserie sourde et muette? Met-elle son gant dans son verre lorsqu'on commence à passer le champagne? Fait-elle semblant d'aller au bal de l'Opéra, pour s'éclipser un quart d'heure, courir chez Musard, et revenir bâiller? Lui a-t-on appris, quand Rubini chante, à ne montrer que le blanc de ses yeux, comme une colombe amoureuse? Passe-t-elle l'été à la campagne, chez une amie pleine d'expérience, qui en répond à sa famille, et qui, le soir, la laisse au piano pour se promener sous les charmilles en chuchotant avec un hussard? Va-t-elle aux eaux? A-t-elle des migraines?

VAN BUCK.

Jour de Dieu! qu'est-ce que tu dis là?

VALENTIN.

C'est que, si elle ne sait rien de tout cela, on ne lui a pas appris grand'chose : car, dès qu'elle sera femme, elle le saura, et alors qui peut rien prévoir?

VAN BUCK.

Tu as de singulières idées sur l'éducation des femmes. Voudrais-tu qu'on les suivît?

VALENTIN.

Non; mais je voudrais qu'une jeune fille fût une herbe dans un bois, et non une plante dans une caisse. Allons! mon oncle, venez aux Tuileries, et ne parlons plus de tout cela.

VAN BUCK.

Tu refuses Mlle de Mantes?

VALENTIN.

Pas plus qu'une autre, mais ni plus ni moins.

VAN BUCK.

Tu me feras damner; tu es incorrigible. J'avais les plus belles espérances; cette fille-là sera très riche un jour. Tu me ruineras et tu iras au diable; voilà tout ce qui arrivera. — Qu'est-ce que c'est? Qu'est-ce que tu veux?

VALENTIN.

Vous donner votre canne et votre chapeau, pour prendre l'air si cela vous convient.

VAN BUCK.

Je me soucie bien de prendre l'air! Je te déshérite si tu refuses de te marier.

VALENTIN.

Vous me déshéritez, mon oncle?

VAN BUCK.

Oui, par le Ciel ! j'en fais serment ! Je serai aussi obstiné que toi, et nous verrons qui des deux cédera.

VALENTIN.

Vous me déshéritez par écrit, ou seulement de vive voix ?

VAN BUCK.

Par écrit, insolent que tu es.

VALENTIN.

Et à qui laisserez-vous votre bien ? Vous fonderez donc un prix de vertu ou un concours de grammaire latine ?

VAN BUCK.

Plutôt que de me laisser ruiner par toi, je me ruinerai tout seul et à mon plaisir.

VALENTIN.

Il n'y a plus de loterie ni de jeu ; vous ne pourrez jamais tout boire.

VAN BUCK.

Je quitterai Paris ; je retournerai à Anvers ; je me marierai moi-même, s'il le faut, et je te ferai six cousins germains.

VALENTIN.

Et moi, je m'en irai à Alger ; je me ferai trompette de dragons, j'épouserai une Éthiopienne, et je vous ferai vingt-quatre petits-neveux noirs comme de l'encre et bêtes comme des pots.

VAN BUCK.

Jour de ma vie! si je prends ma canne...

VALENTIN.

Tout beau, mon oncle; prenez garde, en frappant, de casser votre bâton de vieillesse.

VAN BUCK, l'embrassant.

Ah! malheureux! tu abuses de moi.

VALENTIN.

Écoutez-moi : le mariage me répugne; mais pour vous, mon bon oncle, je me déciderai à tout. Quelque bizarre que puisse vous sembler ce que je vais vous proposer, promettez-moi d'y souscrire sans réserve, et, de mon côté, j'engage ma parole.

VAN BUCK.

De quoi s'agit-il? dépêche-toi.

VALENTIN.

Promettez-moi d'abord, je parlerai ensuite.

VAN BUCK.

Je ne le puis sans rien savoir.

VALENTIN.

Il le faut, mon oncle; c'est indispensable.

VAN BUCK.

Eh bien! soit, je te le promets.

VALENTIN.

Si vous voulez que j'épouse Mlle de Mantes, il n'y a pour cela qu'un moyen : c'est de me donner la certitude qu'elle ne me mettra jamais aux mains la paire de gants dont nous parlions.

VAN BUCK.

Et que veux-tu que j'en sache?

VALENTIN.

Il y a pour cela des probabilités qu'on peut calculer aisément. Convenez-vous que, si j'avais l'assurance qu'on peut la séduire en huit jours, j'aurais grand tort de l'épouser?

VAN BUCK.

Certainement. Quelle apparence...

VALENTIN.

Je ne vous demande pas un plus long délai. La baronne ne m'a jamais vu, non plus que sa fille; vous allez faire atteler, et vous irez leur faire visite. Vous leur direz qu'à votre grand regret votre neveu reste garçon; j'arriverai au château une heure après vous, et vous aurez soin de ne pas me reconnaître : voilà tout ce que je vous demande; le reste ne regarde que moi.

VAN BUCK.

Mais tu m'effrayes. Qu'est-ce que tu veux faire? A quel titre te présenter?

VALENTIN.

C'est mon affaire; ne me reconnaissez pas, voilà tout ce dont je vous charge. Je passerai huit jours au château; j'ai besoin d'air, et cela me fera du bien. Vous y resterez si vous voulez.

VAN BUCK.

Deviens-tu fou? et que prétends-tu faire? Séduire une jeune fille en huit jours? Faire le galant sous un nom supposé? La belle trouvaille! Il n'y a pas de conte de fées où ces niaiseries ne soient rebattues. Me prends-tu pour un oncle du Gymnase?

VALENTIN.

Il est deux heures, allez-vous-en chez vous.

Ils sortent.

SCÈNE II

Au château.

LA BARONNE, CÉCILE, un Abbé, un Maitre de danse
— La baronne, assise, cause avec l'abbé en faisant de la tapisserie. Cécile prend sa leçon de danse.

LA BARONNE.

C'est une chose assez singulière que je ne trouve pas mon peloton bleu.

L'ABBÉ.

Vous le teniez il y a un quart d'heure; il aura roulé quelque part.

LE MAITRE DE DANSE.

Si Mademoiselle veut faire encore la poule, nous nous reposerons après cela.

CÉCILE.

Je veux apprendre la valse à deux temps.

LE MAITRE DE DANSE.

Madame la baronne s'y oppose. Ayez la bonté de tourner la tête, et de me faire des oppositions.

L'ABBÉ.

Que pensez-vous, Madame, du dernier sermon? ne l'avez-vous pas entendu?

LA BARONNE.

C'est vert et rose, sur fond noir, pareil au petit meuble d'en haut.

L'ABBÉ.

Plaît-il?

LA BARONNE.

Ah! pardon, je n'y étais pas.

L'ABBÉ.

J'ai cru vous y apercevoir.

LA BARONNE.

Où donc?

L'ABBÉ.

A Saint-Roch, dimanche dernier.

LA BARONNE.

Mais oui, très bien. Tout le monde pleurait; le baron ne faisait que se moucher. Je m'en suis allée à la moitié, parce que ma voisine avait des odeurs, et que je suis en ce moment-ci entre les bras des homœopathes.

LE MAITRE DE DANSE.

Mademoiselle, j'ai beau vous le dire, vous ne

faites pas d'oppositions. Détournez donc légèrement la tête, et arrondissez-moi les bras.

CÉCILE.

Mais, Monsieur, quand on ne veut pas tomber, il faut bien regarder devant soi.

LE MAITRE DE DANSE.

Fi donc! c'est une chose horrible. Tenez, voyez : y a-t-il rien de plus simple? Regardez-moi : est-ce que je tombe? Vous allez à droite, vous regardez à gauche; vous allez à gauche, vous regardez à droite; il n'y a rien de plus naturel.

LA BARONNE.

C'est une chose inconcevable que je ne trouve pas mon peloton bleu.

CÉCILE.

Maman, pourquoi ne voulez-vous donc pas que j'apprenne la valse à deux temps?

LA BARONNE.

Parce que c'est indécent. — Avez-vous lu *Jocelyn*?

L'ABBÉ.

Oui, Madame; il y a de beaux vers; mais le fond, je vous l'avouerai...

LA BARONNE.

Le fond est noir; tout le petit meuble l'est; vous verrez cela sur du palissandre.

CÉCILE.

Mais, maman, miss Clary valse bien, et Mlles de Raimbaut aussi.

LA BARONNE.

Miss Clary est Anglaise, Mademoiselle. Je suis sûre, l'abbé, que vous êtes assis dessus.

L'ABBÉ.

Moi, Madame, sur miss Clary?

LA BARONNE.

Eh! c'est mon peloton, le voilà. Non, c'est du rouge; où est-il passé?

L'ABBÉ.

Je trouve la scène de l'évêque fort belle; il y a certainement du génie, beaucoup de talent et de la facilité.

CÉCILE.

Mais, maman, de ce qu'on est Anglaise, pourquoi est-ce décent de valser?

LA BARONNE.

Il y a aussi un roman que j'ai lu, qu'on m'a envoyé de chez Mongie. Je ne sais plus le nom, ni de qui c'était. L'avez-vous lu? C'est assez bien écrit.

L'ABBÉ.

Oui, Madame. Il semble qu'on ouvre la grille. Attendez-vous quelque visite?

LA BARONNE.

Ah! c'est vrai; Cécile, écoutez.

LE MAITRE DE DANSE.

Madame la baronne veut vous parler, Mademoiselle.

L'ABBÉ.

Je ne vois pas entrer de voiture; ce sont des chevaux qui vont sortir.

CÉCILE, s'approchant.

Vous m'avez appelée, maman?

LA BARONNE.

Non. Ah! oui. Il va venir quelqu'un; baissez-vous donc que je vous parle à l'oreille. — C'est un parti. Êtes-vous coiffée?

CÉCILE.

Un parti?

LA BARONNE.

Oui, très convenable. — Vingt-cinq à trente ans, ou plus jeune; — non, je n'en sais rien; très bien; allez danser.

CÉCILE.

Mais, maman, je voulais vous dire...

LA BARONNE.

C'est incroyable où est allé ce peloton. Je n'en ai qu'un de bleu, et il faut qu'il s'envole.

Entre Van Buck.

VAN BUCK.

Madame la baronne, je vous souhaite le bonjour. Mon neveu n'a pu venir avec moi; il m'a chargé de vous présenter ses regrets, et d'excuser son manque de parole.

LA BARONNE.

Ah bah ! vraiment il ne vient pas ? Voilà ma fille qui prend sa leçon ; permettez-vous qu'elle continue ? Je l'ai fait descendre, parce que c'est trop petit chez elle.

VAN BUCK.

J'espère bien ne déranger personne. Si mon écervelé de neveu...

LA BARONNE.

Vous ne voulez pas boire quelque chose ? Asseyez-vous donc. Comment allez-vous ?

VAN BUCK.

Mon neveu, Madame, est bien fâché...

LA BARONNE.

Écoutez donc que je vous dise. L'abbé, vous nous restez, pas vrai ? Eh bien ! Cécile, qu'est-ce qui t'arrive ?

LE MAITRE DE DANSE.

Mademoiselle est lasse, Madame.

LA BARONNE.

Chansons ! si elle était au bal, et qu'il fût quatre heures du matin, elle ne serait pas lasse, c'est clair comme le jour. — Dites-moi donc, vous (bas à Van Buck), est-ce que c'est manqué ?

VAN BUCK.

J'en ai peur, et s'il faut tout dire...

LA BARONNE.

Ah bah ! il refuse ? Eh bien ! c'est joli !

VAN BUCK.

Mon Dieu, Madame, n'allez pas croire qu'il y ait là de ma faute en rien. Je vous jure bien par l'âme de mon père...

LA BARONNE.

Enfin, il refuse, pas vrai ? C'est manqué ?

VAN BUCK.

Mais, Madame, si je pouvais sans mentir...

On entend un grand tumulte au dehors.

LA BARONNE.

Qu'est-ce que c'est? regardez donc, l'abbé.

L'ABBÉ.

Madame, c'est une voiture versée devant la porte du château. On apporte ici un jeune homme qui semble privé de sentiment.

LA BARONNE.

Ah! mon Dieu ! un mort qui m'arrive! Qu'on arrange vite la chambre verte. Venez, Van Buck, donnez-moi le bras.

Ils sortent.

ACTE II

SCÈNE PREMIÈRE

Une allée sous une charmille.

Entrent VAN BUCK et VALENTIN, qui a le bras en écharpe.

VAN BUCK.

Est-il possible, malheureux garçon, que tu te sois réellement démis le bras?

VALENTIN.

Il n'y a rien de plus possible; c'est même probable, et, qui pis est, assez douloureusement réel.

VAN BUCK.

Je ne sais lequel, dans cette affaire, est le plus à blâmer de nous deux. Vit-on jamais pareille extravagance!

VALENTIN.

Il fallait bien trouver un prétexte pour m'introduire convenablement. Quelle raison voulez-vous qu'on ait de se présenter ainsi incognito à une famille respectable? J'avais donné un louis à mon postillon en lui demandant sa parole de me verser devant le château. C'est un honnête homme, il n'y a rien à lui dire, et son argent est parfaitement gagné : il a mis sa roue dans le fossé avec une constance héroïque. Je me suis démis le bras, c'est ma faute; mais j'ai versé, et je ne me plains pas. Au contraire, j'en suis bien aise; cela donne aux choses un air de vérité qui intéresse en ma faveur.

VAN BUCK.

Que vas-tu faire? et quel est ton dessein?

VALENTIN.

Je ne viens pas du tout ici pour épouser Mlle de Mantes, mais uniquement pour vous prouver que j'aurais tort de l'épouser. Mon plan est fait, ma batterie pointée, et jusqu'ici tout va à merveille. Vous avez tenu votre promesse comme Régulus ou Hernani. Vous ne m'avez pas appelé mon neveu, c'est le principal et le plus difficile; me voilà reçu, hébergé, couché dans une belle chambre verte, de la fleur d'orange sur ma table et des rideaux blancs à mon lit. C'est une justice à rendre à votre baronne, elle m'a aussi bien recueilli que mon postillon m'a versé. Maintenant il s'agit de savoir si tout le reste ira à l'avenant. Je compte d'abord faire ma déclaration, secondement écrire un billet...

VAN BUCK.

C'est inutile, je ne souffrirai pas que cette mauvaise plaisanterie s'achève.

VALENTIN.

Vous dédire! Comme vous voudrez; je me dédis aussi sur-le-champ.

VAN BUCK.

Mais, mon neveu...

VALENTIN.

Dites un mot, je reprends la poste et retourne à Paris; plus de parole, plus de mariage; vous me déshériterez si vous voulez.

VAN BUCK.

C'est un guêpier incompréhensible, et il est inouï que je sois fourré là. Mais enfin, voyons, explique-toi!

VALENTIN.

Songez, mon oncle, à notre traité. Vous m'avez dit et accordé que, s'il était prouvé que ma future devait me ganter de certains gants, je serais un fou d'en faire ma femme. Par conséquent, l'épreuve étant admise, vous trouverez bon, juste et convenable, qu'elle soit aussi complète que possible. Ce que je dirai sera bien dit, ce que j'essayerai bien essayé, et ce que je pourrai faire bien fait : vous ne me chercherez pas chicane, et j'ai carte blanche en tout cas.

VAN BUCK.

Mais, Monsieur, il y a pourtant de certaines

bornes, de certaines choses... — Je vous prie de remarquer que, si vous allez vous prévaloir... — Miséricorde! comme tu y vas!

VALENTIN.

Si notre future est telle que vous la croyez et que vous me l'avez représentée, il n'y a pas le moindre danger, et elle ne peut que s'en trouver plus digne. Figurez-vous que je suis le premier venu; je suis amoureux de Mlle de Mantes, vertueuse épouse de Valentin Van Buck; songez comme la jeunesse du jour est entreprenante et hardie! que ne fait-on pas, d'ailleurs, quand on aime? Quelles escalades, quelles lettres de quatre pages, quels torrents de larmes, quels cornets de dragées! Devant quoi recule un amant? De quoi peut-on lui demander compte? Quel mal fait-il, et de quoi s'offenser? Il aime, ô mon oncle Van Buck! rappelez-vous le temps où vous aimiez.

VAN BUCK.

De tout temps j'ai été décent, et j'espère que vous le serez, sinon je dis tout à la baronne.

VALENTIN.

Je ne compte rien faire qui puisse choquer personne. Je compte d'abord faire ma déclaration; secondement, écrire plusieurs billets; troisièmement, gagner la fille de chambre; quatrièmement, rôder dans les petits coins; cinquièmement, prendre l'empreinte des serrures avec de la cire à cacheter; sixièmement, faire une échelle de cordes et couper les vitres avec ma bague ; septièmement, me mettre à genoux par terre en récitant *la Nouvelle Héloïse,* et huitièmement, si je ne réussis pas, m'aller noyer dans la pièce d'eau. Mais je vous jure d'être décent, et de ne pas dire un seul gros mot, ni rien qui blesse les convenances.

VAN BUCK.

Tu es un roué et un impudent ; je ne souffrirai rien de pareil.

VALENTIN.

Mais pensez donc que tout ce que je vous dis là, dans quatre ans d'ici un autre le fera, si j'épouse Mlle de Mantes ; et comment voulez-vous que je sache de quelle résistance elle est capable, si je ne l'ai d'abord essayé moi-même ? Un autre tentera bien plus encore, et aura devant lui un bien autre délai ; en ne demandant que huit jours, j'ai fait un acte de grande humilité.

VAN BUCK.

C'est un piège que tu m'as tendu ; jamais je n'ai prévu cela.

VALENTIN.

Et que pensiez-vous donc prévoir quand vous avez accepté la gageure?

VAN BUCK.

Mais, mon ami, je pensais, je croyais, — je croyais que tu allais faire ta cour... mais poliment... à cette jeune personne, comme, par exemple, de lui... de lui dire... Ou si par hasard...

et encore je n'en sais rien... Mais, que diable! tu es effrayant.

VALENTIN.

Tenez! voilà la blanche Cécile qui nous arrive à petits pas. Entendez-vous craquer le bois sec? La mère tapisse avec son abbé. Vite, fourrez-vous dans la charmille. Vous serez témoin de la première escarmouche, et vous m'en direz votre avis.

VAN BUCK.

Tu l'épouseras si elle te reçoit mal?

<small>Il se cache dans la charmille.</small>

VALENTIN.

Laissez-moi faire, et ne bougez pas. Je suis ravi de vous avoir pour spectateur, et l'ennemi détourne l'allée. Puisque vous m'avez appelé fou, je veux vous montrer qu'en fait d'extravagances les plus fortes sont les meilleures. Vous allez voir, avec un peu d'adresse, ce que rapportent les blessures honorables reçues pour plaire à la beauté. Considérez cette démarche pensive, et faites-moi la grâce de me dire si ce bras estropié ne me sied pas. Eh! que voulez-vous? c'est qu'on est pâle; il n'y a au monde que cela :

> Un jeune malade à pas lents...

Surtout pas de bruit; voici l'instant critique; respectez la foi des serments. Je vais m'asseoir au pied d'un arbre, comme un pasteur des temps passés.

Entre Cécile, un livre à la main.

VALENTIN.

Déjà levée, Mademoiselle, et seule à cette heure dans le bois?

CÉCILE.

C'est vous, Monsieur? je ne vous reconnaissais pas. Comment se porte votre foulure?

VALENTIN, à part.

Foulure! voilà un vilain mot.

Haut.

C'est trop de grâce que vous me faites, et il y a de certaines blessures qu'on ne sent jamais qu'à demi.

CÉCILE.

Vous a-t-on servi à déjeuner?

VALENTIN.

Vous êtes trop bonne; de toutes les vertus de votre sexe, l'hospitalité est la moins connue, et on ne la trouve nulle part aussi douce, aussi précieuse que chez vous; et si l'intérêt qu'on m'y témoigne...

CÉCILE.

Je vais dire qu'on vous monte un bouillon.

Elle sort.

VAN BUCK, rentrant.

Tu l'épouseras! tu l'épouseras! Avoue qu'elle

a été parfaite. Quelle naïveté! quelle pudeur divine! On ne peut pas faire un meilleur choix.

VALENTIN.

Un moment, mon oncle, un moment; vous allez bien vite en besogne.

VAN BUCK.

Pourquoi pas? il n'en faut pas plus; tu vois clairement à qui tu as affaire, et ce sera toujours de même. Que tu seras heureux avec cette femme-là! Allons tout dire à la baronne; je me charge de l'apaiser.

VALENTIN.

Bouillon! Comment une jeune fille peut-elle prononcer ce mot-là? Elle me déplaît; elle est laide et sotte. Adieu, mon oncle, je retourne à Paris.

VAN BUCK.

Plaisantez-vous? Où est votre parole? Est-ce ainsi qu'on se joue de moi? Que signifient ces yeux baissés et cette contenance défaite? Est-ce à dire que vous me prenez pour un libertin de votre espèce, et que vous vous servez de ma folle complaisance comme d'un manteau pour vos méchants desseins? N'est-ce donc vraiment qu'une séduction que vous venez tenter ici sous le masque de cette épreuve? Jour de Dieu! si je le croyais!...

VALENTIN.

Elle me déplaît, ce n'est pas ma faute, et je n'en ai pas répondu.

VAN BUCK.

En quoi peut-elle vous déplaire ? Elle est jolie, ou je ne m'y connais pas. Elle a les yeux longs et bien fendus, des cheveux superbes, une taille passable. Elle est parfaitement bien élevée ; elle sait l'anglais et l'italien ; elle aura trente mille livres de rente, et, en attendant, une très belle dot. Quel reproche pouvez-vous lui faire, et pour quelle raison n'en voulez-vous pas ?

VALENTIN.

Il n'y a jamais de raison à donner pourquoi les gens plaisent ou déplaisent. Il est certain qu'elle me déplaît, elle, sa foulure et son bouillon.

VAN BUCK.

C'est votre amour-propre qui souffre. Si je n'avais pas été là, vous seriez venu me faire cent contes sur votre premier entretien, et vous targuer de belles espérances. Vous vous étiez imaginé faire sa conquête en un clin d'œil, et c'est là où le bât vous blesse. Elle vous plaisait hier au soir, quand vous ne l'aviez encore qu'entrevue, et qu'elle s'empressait avec sa mère à vous soigner de votre sot accident. Maintenant vous la trouvez laide, parce qu'elle fait à peine attention à vous. Je vous connais mieux que vous ne pensez, et je ne céderai pas si vite. Je vous défends de vous en aller.

VALENTIN.

Comme vous voudrez. Je ne veux pas d'elle :

je vous répète que je la trouve laide; elle a un air niais qui est révoltant. Ses yeux sont grands, c'est vrai, mais ils ne veulent rien dire; ses cheveux sont beaux, mais elle a le front plat; quant à la taille, c'est peut-être ce qu'elle a de mieux, quoique vous ne la trouviez que passable. Je la félicite de savoir l'italien, elle y a peut-être plus d'esprit qu'en français; pour ce qui est de sa dot, qu'elle la garde, je n'en veux pas plus que de son bouillon.

VAN BUCK.

A-t-on idée d'une pareille tête, et peut-on s'attendre à rien de semblable? Va, va! ce que je disais hier n'est que la pure vérité. Tu n'es capable que de rêver de balivernes, et je ne veux plus m'occuper de toi. Épouse une blanchisseuse si tu veux. Puisque tu refuses ta fortune lorsque tu l'as entre les mains, que le hasard décide du reste; cherche-le au fond de tes cornets. Dieu m'est témoin que ma patience a été telle depuis trois ans que nul autre peut-être à ma place...

VALENTIN.

Est-ce que je me trompe? Regardez donc, mon oncle, il me semble qu'elle revient par ici. Oui, je l'aperçois entre les arbres; elle va repasser dans le taillis.

VAN BUCK.

Où donc? quoi? qu'est-ce que tu dis?

VALENTIN.

Ne voyez-vous pas une robe blanche derrière ces touffes de lilas? Je ne me trompe pas, c'est bien elle. Vite, mon oncle, entrez dans la charmille, qu'on ne nous surprenne pas ensemble.

VAN BUCK.

A quoi bon, puisqu'elle te déplaît?

VALENTIN.

Il n'importe, je veux l'aborder, pour que vous ne puissiez pas dire que je l'ai jugée trop légèrement.

VAN BUCK.

Tu l'épouseras si elle persévère?

<small>Il se cache de nouveau.</small>

VALENTIN.

Chut! pas de bruit; la voici qui arrive.

CÉCILE, entrant.

Monsieur, ma mère m'a chargée de vous demander si vous comptiez partir aujourd'hui?

VALENTIN.

Oui, Mademoiselle, c'est mon intention, et j'ai demandé des chevaux.

CÉCILE.

C'est qu'on fait un whist au salon, et que ma mère vous serait bien obligée si vous vouliez faire le quatrième.

VALENTIN.

J'en suis fâché, mais je ne sais pas jouer.

CÉCILE.

Et si vous vouliez rester à dîner, nous avons un faisan truffé.

VALENTIN.

Je vous remercie; je n'en mange pas.

CÉCILE.

Après dîner, il nous vient du monde, et nous danserons la mazourke.

VALENTIN.

Excusez-moi, je ne danse jamais.

CÉCILE.

C'est bien dommage. Adieu, Monsieur.

Elle sort.

VAN BUCK, rentrant.

Ah çà! voyons, l'épouseras-tu? Qu'est-ce que tout cela signifie? Tu dis que tu as demandé des chevaux: est-ce que c'est vrai? ou si tu te moques de moi?

VALENTIN.

Vous aviez raison, elle est agréable; je la trouve mieux que la première fois; elle a un petit signe au coin de la bouche que je n'avais pas remarqué.

VAN BUCK.

Où vas-tu? Qu'est-ce qui t'arrive? Veux-tu me répondre sérieusement?

VALENTIN.

Je ne vais nulle part, je me promène avec vous. Est-ce que vous la trouvez mal faite?

VAN BUCK.

Moi? Dieu m'en garde! je la trouve complète en tout.

VALENTIN.

Il me semble qu'il est bien matin pour jouer au whist; y jouez-vous, mon oncle? Vous devriez rentrer au château.

VAN BUCK.

Certainement, je devrais y rentrer; j'attends que vous daigniez me répondre. Restez-vous ici, oui ou non?

VALENTIN.

Si je reste, c'est pour notre gageure, je n'en voudrais pas avoir le démenti; mais ne comptez sur rien jusqu'à tantôt; mon bras malade me met au supplice.

VAN BUCK.

Rentrons; tu te reposeras.

VALENTIN.

Oui, j'ai envie de prendre ce bouillon qui est là-haut; il faut que j'écrive; je vous reverrai à dîner.

VAN BUCK.

Écrire! j'espère que ce n'est pas à elle que tu écriras.

VALENTIN.

Si je lui écris, c'est pour notre gageure. Vous savez que c'est convenu.

VAN BUCK.

Je m'y oppose formellement, à moins que tu ne me montres ta lettre.

VALENTIN.

Tant que vous voudrez. Je vous dis et je vous répète qu'elle me plaît médiocrement.

VAN BUCK.

Quelle nécessité de lui écrire ? Pourquoi ne lui as-tu pas fait tout à l'heure ta déclaration de vive voix, comme tu te l'étais promis ?

VALENTIN.

Pourquoi ?

VAN BUCK.

Sans doute ; qu'est-ce qui t'en empêchait ? Tu avais le plus beau courage du monde.

VALENTIN.

C'est que mon bras me faisait souffrir. Tenez ! la voilà qui repasse une troisième fois ; la voyez-vous là-bas dans l'allée ?

VAN BUCK.

Elle tourne autour de la plate-bande, et la charmille est circulaire. Il n'y a rien là que de très convenable.

VALENTIN.

Ah ! coquette fille ! c'est autour du feu qu'elle tourne, comme un papillon ébloui. Je veux jeter cette pièce à pile ou face pour savoir si je l'aimerai.

VAN BUCK.

Tâche donc qu'elle t'aime auparavant; le reste est le moins difficile.

VALENTIN.

Soit. Regardons-la bien tous les deux. Elle va passer entre ces deux touffes d'arbres. Si elle tourne la tête de notre côté, je l'aime; sinon, je m'en vais à Paris.

VAN BUCK.

Gageons qu'elle ne se retourne pas.

VALENTIN.

Oh! que si! Ne la perdons pas de vue.

VAN BUCK.

Tu as raison. — Non, pas encore : elle paraît lire attentivement.

VALENTIN.

Je suis sûr qu'elle va se retourner.

VAN BUCK.

Non, elle avance; la touffe d'arbres approche. Je suis convaincu qu'elle n'en fera rien.

VALENTIN.

Elle doit pourtant nous voir, rien ne nous cache; je vous dis qu'elle se retournera.

VAN BUCK.

Elle a passé. Tu as perdu.

VALENTIN.

Je vais lui écrire, ou que le Ciel m'écrase! Il faut que je sache à quoi m'en tenir. C'est incroyable qu'une petite fille traite les gens aussi légèrement.

Pure hypocrisie! pur manège! Je vais lui dépêcher un billet en règle; je lui dirai que je meurs d'amour pour elle, que je me suis cassé le bras pour la voir, que, si elle me repousse, je me brûle la cervelle, et que, si elle veut de moi, je l'enlève demain matin. Venez, rentrons, je veux écrire devant vous.

VAN BUCK.

Tout beau, mon neveu! quelle mouche vous pique? Vous nous ferez quelque mauvais tour ici.

VALENTIN.

Croyez-vous donc que deux mots en l'air puissent signifier quelque chose? Que lui ai-je dit que d'indifférent, et que m'a-t-elle dit elle-même? Il est tout simple qu'elle ne se retourne pas. Elle ne sait rien, et je n'ai rien su lui dire. Je ne suis qu'un sot, si vous voulez; il est possible que je me pique d'orgueil et que mon amour-propre soit en jeu. Belle ou laide, peu m'importe, je veux voir clair dans son âme. Il y a là-dessous quelque ruse, quelque parti pris que nous ignorons; laissez-moi faire, tout s'éclaircira.

VAN BUCK.

Le diable m'emporte! tu parles en amoureux. Est-ce que tu le serais, par hasard?

VALENTIN.

Non; je vous ai dit qu'elle me déplaît. Faut-il vous rebattre cent fois la même chose? Dépêchons-nous, rentrons au château.

VAN BUCK.

Je vous ai dit que je ne veux pas de lettre, et surtout de celle dont vous parlez.

VALENTIN.

Venez toujours, nous nous déciderons.

Ils sortent.

SCÈNE II

Le salon.

LA BARONNE et L'ABBÉ, devant une table de jeu préparée.

LA BARONNE.

Vous direz ce que vous voudrez, c'est désolant de jouer avec un mort. Je déteste la campagne à cause de cela.

L'ABBÉ.

Mais où est donc M. Van Buck? est-ce qu'il n'est pas encore descendu?

LA BARONNE.

Je l'ai vu tout à l'heure dans le parc avec ce monsieur de la chaise, qui, par parenthèse, n'est guère poli de ne pas vouloir nous rester à dîner.

L'ABBÉ.

S'il a des affaires pressées...

LA BARONNE.

Bah! des affaires, tout le monde en a. La belle

excuse! Si on ne pensait jamais qu'aux affaires, on ne serait jamais à rien. Tenez! l'abbé, jouons au piquet; je me sens d'une humeur massacrante.

L'ABBÉ, mêlant les cartes.

Il est certain que les jeunes gens du jour ne se piquent pas d'être polis.

LA BARONNE.

Polis! je crois bien. Est-ce qu'ils s'en doutent? et qu'est-ce que c'est que d'être poli? Mon cocher est poli. De mon temps, l'abbé, on était galant.

L'ABBÉ.

C'était le bon, Madame la baronne, et plût au Ciel que j'y fusse né!

LA BARONNE.

J'aurais voulu voir que mon frère, qui était à Monsieur, tombât de carrosse à la porte d'un château, et qu'on l'y eût gardé à coucher. Il aurait plutôt perdu sa fortune que de refuser de faire un quatrième. Tenez! ne parlons plus de ces choses-là. C'est à vous de prendre; vous n'en laissez pas?

L'ABBÉ.

Je n'ai pas un as. Voilà M. Van Buck.

Entre Van Buck.

LA BARONNE.

Continuons; c'est à vous de parler.

VAN BUCK, bas à la baronne.

Madame, j'ai deux mots à vous dire qui sont de la dernière importance.

LA BARONNE.

Eh bien! après le marqué.

L'ABBÉ.

Cinq cartes, valant quarante-cinq.

LA BARONNE.

Cela ne vaut pas.

A Van Buck.

Qu'est-ce donc?

VAN BUCK.

Je vous supplie de m'accorder un moment; je ne puis parler devant un tiers, et ce que j'ai à vous dire ne souffre aucun retard.

LA BARONNE, se levant.

Vous me faites peur; de quoi s'agit-il?

VAN BUCK.

Madame, c'est une grave affaire, et vous allez peut-être vous fâcher contre moi. La nécessité me force de manquer à une promesse que mon imprudence m'a fait accorder. Le jeune homme à qui vous avez donné l'hospitalité cette nuit est mon neveu.

LA BARONNE.

Ah bah! quelle idée!

VAN BUCK.

Il désirait approcher de vous sans être connu; je n'ai pas cru mal faire en me prêtant à une fantaisie qui en pareil cas n'est pas nouvelle.

LA BARONNE.

Ah! mon Dieu! j'en ai vu bien d'autres!

VAN BUCK.

Mais je dois vous avertir qu'à l'heure qu'il est, il vient d'écrire à Mlle de Mantes, et dans les termes les moins retenus. Ni mes menaces ni mes prières n'ont pu le dissuader de sa folie; et un de vos gens, je le dis à regret, s'est chargé de remettre le billet à son adresse. Il s'agit d'une déclaration d'amour, et, je dois ajouter, des plus extravagantes.

LA BARONNE.

Vraiment? eh bien! ce n'est pas si mal. Il a de la tête, votre petit bonhomme.

VAN BUCK.

Jour de Dieu! je vous en réponds! ce n'est pas d'hier que j'en sais quelque chose. Enfin, Madame, c'est à vous d'aviser aux moyens de détourner les suites de cette affaire. Vous êtes chez vous; et, quant à moi, je vous avouerai que je suffoque et que les jambes vont me manquer. Ouf!

Il tombe dans une chaise.

LA BARONNE.

Ah! Ciel! qu'est-ce que vous avez donc? Vous êtes pâle comme un linge! Vite! racontez-moi tout ce qui s'est passé, et faites-moi confidence entière.

VAN BUCK.

Je vous ai tout dit : je n'ai rien à ajouter.

LA BARONNE.

Ah bah! ce n'est que ça? Soyez donc sans

crainte : si votre neveu a écrit à Cécile, la petite me montrera le billet.

VAN BUCK.

En êtes-vous sûre, Baronne? Cela est dangereux.

LA BARONNE.

Belle question! Où en serions-nous si une fille ne montrait pas à sa mère une lettre qu'on lui écrit?

VAN BUCK.

Hum! je n'en mettrais pas ma main au feu.

LA BARONNE.

Qu'est-ce à dire, Monsieur Van Buck? Savez-vous à qui vous parlez? Dans quel monde avez-vous vécu pour élever un pareil doute? Je ne sais pas trop comme on fait aujourd'hui, ni de quel train va votre bourgeoisie; mais, vertu de ma vie! en voilà assez; j'aperçois justement ma fille, et vous verrez qu'elle m'apporte sa lettre. Venez, l'abbé, continuons.

Elle se remet au jeu. — Entre Cécile, qui va à la fenêtre, prend son ouvrage et s'assoit à l'écart.

L'ABBÉ.

Quarante-cinq ne valent pas?

LA BARONNE.

Non, vous n'avez rien; quatorze d'as, six et quinze, c'est quatre-vingt-quinze. A vous de jouer.

L'ABBÉ.

Trèfle. Je crois que je suis capot.

VAN BUCK, bas à la baronne.

Je ne vois pas que Mlle Cécile vous fasse encore de confidence...

LA BARONNE, bas à Van Buck.

Vous ne savez ce que vous dites ; c'est l'abbé qui la gêne ; je suis sûre d'elle comme de moi. Je fais repic seulement. Cent, et dix-sept de reste. A vous à faire.

UN DOMESTIQUE, entrant.

Monsieur l'abbé, on vous demande, c'est le sacristain et le bedeau du village.

L'ABBÉ.

Qu'est-ce qu'ils me veulent ? Je suis occupé.

LA BARONNE.

Donnez vos cartes à Van Buck ; il jouera ce coup-ci pour vous.

L'abbé sort. Van Buck prend sa place.

LA BARONNE.

C'est vous qui faites, et j'ai coupé. Vous êtes marqué, selon toute apparence. Qu'est-ce que vous avez donc dans les doigts ?

VAN BUCK, bas.

Je vous confesse que je ne suis pas tranquille : votre fille ne dit mot, et je ne vois pas mon neveu.

LA BARONNE.

Je vous dis que j'en réponds ; c'est vous qui la gênez ; je la vois d'ici qui me fait des signes.

VAN BUCK.

Vous croyez? Moi je ne vois rien.

LA BARONNE.

Cécile, venez donc un peu ici ; vous vous tenez à une lieue.

Cécile approche son fauteuil.

Est-ce que vous n'avez rien à me dire, ma chère?

CÉCILE.

Moi! non, maman.

LA BARONNE.

Ah bah! Je n'ai que quatre cartes, Van Buck ; le point est à vous. J'ai trois valets.

VAN BUCK.

Voulez-vous que je vous laisse seules?

LA BARONNE.

Non ; restez donc, ça ne fait rien. Cécile, tu peux parler devant monsieur.

CÉCILE.

Moi, maman? je n'ai rien de secret à dire.

LA BARONNE.

Vous n'avez pas à me parler?

CÉCILE.

Non, maman.

LA BARONNE.

C'est inconcevable ; qu'est-ce que vous venez donc me conter, Van Buck ?

VAN BUCK.

Madame, j'ai dit la vérité.

LA BARONNE.

Ça ne se peut pas : Cécile n'a rien à me dire ; il est clair qu'elle n'a rien reçu.

VAN BUCK, se levant.

Eh ! morbleu ! je l'ai vu de mes yeux.

LA BARONNE, se levant aussi.

Ma fille, qu'est-ce que cela signifie? Levez-vous droite, et regardez-moi. Qu'est-ce que vous avez dans vos poches?

CÉCILE, pleurant.

Mais, maman, ce n'est pas ma faute ; c'est ce monsieur qui m'a écrit.

LA BARONNE.

Voyons cela.

Cécile donne la lettre.

Je suis curieuse de lire son style, à ce monsieur, comme vous l'appelez.

Elle lit.

Mademoiselle, je meurs d'amour pour vous. Je vous ai vue l'hiver passé, et, vous sachant à la campagne, j'ai résolu de vous revoir ou de mourir. J'ai donné un louis à mon postillon...

ACTE II, SCÈNE II

Ne voudrait-il pas qu'on le lui rendît? Nous avons bien affaire de le savoir!

... à mon postillon pour me verser devant votre porte. Je vous ai rencontrée deux fois ce matin, et je n'ai rien pu vous dire, tant votre présence m'a troublé! Cependant la crainte de vous perdre, et l'obligation de quitter le château...

J'aime beaucoup ça! Qui est-ce qui le priait de partir? C'est lui qui me refuse de rester à dîner.

... me déterminent à vous demander de m'accorder un rendez-vous. Je sais que je n'ai aucun titre à votre confiance...

La belle remarque, et faite à propos!

...mais l'amour peut tout excuser. Ce soir, à neuf heures, pendant le bal, je serai caché dans le bois; tout le monde ici me croira parti, car je sortirai du château en voiture avant dîner, mais seulement pour faire quatre pas et descendre.

Quatre pas! quatre pas! l'avenue est longue; ne dirait-on pas qu'il n'y a qu'à enjamber?

... et descendre. Si dans la soirée vous pouvez vous échapper, je vous attends; sinon, je me brûle la cervelle.

Bien.

... la cervelle. Je ne crois pas que votre mère...

Ah! que votre mère? Voyons un peu cela.

... fasse grande attention à vous. Elle a une tête de gir...

Monsieur Van Buck, qu'est-ce que cela signifie?

VAN BUCK.

Je n'ai pas entendu, Madame.

LA BARONNE.

Lisez vous-même, et faites-moi le plaisir de dire à votre neveu qu'il sorte de ma maison tout à l'heure, et qu'il n'y mette jamais les pieds.

VAN BUCK.

Il y a *girouette,* c'est positif; je ne m'en étais pas aperçu. Il m'avait cependant lu sa lettre avant que de la cacheter.

LA BARONNE.

Il vous avait lu cette lettre, et vous l'avez laissé la donner à mes gens! Allez! vous êtes un vieux sot, et je ne vous reverrai de ma vie.

<small>Elle sort. On entend le bruit d'une voiture.</small>

VAN BUCK.

Qu'est-ce que c'est? mon neveu qui part sans moi? Eh! comment veut-il que je m'en aille? j'ai renvoyé mes chevaux. Il faut que je coure après lui.

Il sort en courant.

CÉCILE, seule.

C'est singulier; pourquoi m'écrit-il, quand tout le monde veut bien qu'il m'épouse?

ACTE III

SCÈNE PREMIÈRE

Un chemin.

Entrent VAN BUCK et VALENTIN, qui frappe à une auberge.

VALENTIN.

Holà! hé! y a-t-il quelqu'un ici capable de me faire une commission?

UN GARÇON, sortant.

Oui, Monsieur, si ce n'est pas trop loin, car vous voyez qu'il pleut à verse.

VAN BUCK.

Je m'y oppose de toute mon autorité, et au nom des lois du royaume.

VALENTIN.

Connaissez-vous le château de Mantes, ici près?

LE GARÇON.

Que oui, Monsieur! nous y allons tous les jours. C'est à main gauche; on le voit d'ici.

VAN BUCK.

Mon ami, je vous défends d'y aller, si vous avez quelque notion du bien et du mal.

VALENTIN.

Il y a deux louis à gagner pour vous. Voilà une lettre pour Mlle de Mantes, que vous remettrez à sa femme de chambre, et non à d'autres, et en secret. Dépêchez-vous et revenez.

LE GARÇON.

Oh! Monsieur, n'ayez pas peur.

VAN BUCK.

Voilà quatre louis si vous refusez.

LE GARÇON.

O Monseigneur! il n'y a pas de danger.

VALENTIN.

En voilà dix; et, si vous n'y allez pas, je vous casse ma canne sur le dos!

LE GARÇON.

O mon prince! soyez tranquille! je serai bientôt revenu.

VALENTIN.

Maintenant, mon oncle, mettons-nous à l'abri; et, si vous m'en croyez, buvons un verre de bière. Cette course à pied doit vous avoir fatigué.

VAN BUCK.

Sois-en certain, je ne te quitterai pas; j'en jure par l'âme de feu mon frère et par la lumière du soleil. Tant que mes pieds pourront me porter, tant que ma tête sera sur mes épaules, je m'opposerai à cette action infâme et à ses horribles conséquences.

VALENTIN.

Soyez-en sûr, je n'en démordrai pas ; j'en jure par ma juste colère et par la nuit qui me protégera. Tant que j'aurai du papier et de l'encre, et qu'il me restera un louis dans ma poche, je poursuivrai et achèverai mon dessein, quelque chose qui puisse en arriver.

VAN BUCK.

N'as-tu donc plus ni foi ni vergogne, et se peut-il que tu sois mon sang? Quoi! ni le respect pour l'innocence, ni le sentiment du convenable, ni la certitude de me donner la fièvre, rien n'est capable de te toucher!

VALENTIN.

N'avez-vous donc ni orgueil ni honte, et se peut-il que vous soyez mon oncle? Quoi! ni l'insulte que l'on nous fait, ni la manière dont on nous chasse, ni les injures qu'on vous a dites à votre barbe, rien n'est capable de vous donner du cœur!

VAN BUCK.

Encore si tu étais amoureux! si je pouvais croire que tant d'extravagances partent d'un motif qui eût quelque chose d'humain! Mais non, tu n'es qu'un Lovelace, tu ne respires que trahison, et la plus exécrable vengeance est ta seule soif et ton seul amour.

VALENTIN.

Encore si je vous voyais pester! si je pouvais me dire qu'au fond de l'âme vous envoyez cette baronne et son monde à tous les diables! Mais non, vous ne craignez que la pluie, vous ne pensez qu'au mauvais temps qu'il fait, et le soin de vos bas chinés est votre seule peur et votre seul tourment.

VAN BUCK.

Ah! qu'on a bien raison de dire qu'une première faute mène à un précipice! Qui m'eût pu prédire ce matin, lorsque le barbier m'a rasé, et que j'ai mis mon habit neuf, que je serais ce soir dans une grange, crotté et trempé jusqu'aux os! Quoi! c'est moi! Dieu juste! à mon âge, il faut que je quitte ma chaise de poste, où nous étions si bien installés; il faut que je coure à la suite d'un fou à travers champs, en rase campagne; il faut que je me traîne à ses talons comme un confident de tragédie, et le résultat de tant de sueurs sera le déshonneur de mon nom!

VALENTIN.

C'est au contraire par la retraite que nous pourrions nous déshonorer, et non par une glorieuse campagne dont nous ne sortirons que vainqueurs. Rougissez, mon oncle Van Buck, mais que ce soit d'une noble indignation! Vous me traitez de Lovelace : oui, par le Ciel! ce nom me convient. Comme à lui, on me ferme une porte surmontée de fières armoiries; comme lui, une famille odieuse croit m'abattre par un affront; comme lui, comme l'épervier, j'erre et je tournoie aux environs; mais comme lui je saisirai ma proie, et, comme Clarisse, la sublime bégueule, ma bien-aimée m'appartiendra.

VAN BUCK.

Ah! Ciel! que ne suis-je à Anvers, assis devant mon comptoir, dans mon fauteuil de cuir, et dépliant mon taffetas! Que mon frère n'est-il mort garçon, au lieu de se marier à quarante ans passés! Ou plutôt que ne suis-je mort moi-même le premier jour que la baronne de Mantes m'a invité à déjeuner!

VALENTIN.

Ne regrettez que le moment où, par une fatale faiblesse, vous avez révélé à cette femme le secret de notre traité. C'est vous qui avez causé le mal; cessez de m'injurier, moi qui le réparerai. Doutez-vous que cette petite fille, qui cache si bien les billets doux dans les poches de son tablier, ne fût venue au rendez-vous donné? Oui, à coup sûr elle y serait venue; donc elle viendra encore mieux cette fois. Par mon patron! je me fais une fête de la voir descendre en peignoir, en cornette et en petits souliers, de cette grande caserne de briques rouillées! Je ne l'aime pas; mais je l'aimerais que la vengeance serait la plus forte, et tuerait l'amour dans mon cœur. Je jure qu'elle sera ma maîtresse, mais qu'elle ne sera jamais ma femme; il n'y a maintenant ni épreuve, ni promesse, ni alternative : je veux qu'on se souvienne à jamais dans cette famille du jour où l'on m'en a chassé.

L'AUBERGISTE, sortant de la maison.

Messieurs, le soleil commence à baisser : est-ce que vous ne me ferez pas l'honneur de dîner chez moi?

VALENTIN.

Si fait; apportez-nous la carte, et faites-nous allumer du feu. Dès que votre garçon sera revenu, vous lui direz qu'il me donne réponse. Allons! mon oncle, un peu de fermeté; venez, et commandez le dîner.

VAN BUCK.

Ils auront du vin détestable, je connais le pays : c'est un vinaigre affreux.

L'AUBERGISTE.

Pardonnez-moi; nous avons du champagne, du chambertin, et tout ce que vous pouvez désirer.

VAN BUCK.

En vérité, dans un trou pareil! c'est impossible; vous nous en imposez.

L'AUBERGISTE.

C'est ici que descendent les messageries, et vous verrez si nous manquons de rien.

VAN BUCK.

Allons! tâchons donc de dîner; je sens que ma

mort est prochaine, et que dans peu je ne dînerai plus.

Ils sortent.

SCÈNE II

Au château. Un salon.

Entrent LA BARONNE et L'ABBÉ.

LA BARONNE.

Dieu soit loué, ma fille est enfermée! Je crois que j'en ferai une maladie.

L'ABBÉ.

Madame, s'il m'est permis de vous donner un conseil, je vous dirai que j'ai grandement peur. Je crois avoir vu, en traversant la cour, un homme en blouse et d'assez mauvaise mine, qui avait une lettre à la main.

LA BARONNE.

Le verrou est mis; il n'y a rien à craindre. Aidez-moi un peu à ce bal, je n'ai pas la force de m'en occuper.

L'ABBÉ.

Dans une circonstance aussi grave, ne pourriez-vous pas retarder vos projets?

LA BARONNE.

Êtes-vous fou? Vous verrez que j'aurai fait venir tout le faubourg Saint-Germain de Paris pour le remercier et le mettre à la porte! Réfléchissez donc à ce que vous dites!

L'ABBÉ.

Je croyais qu'en telle occasion on aurait pu, sans blesser personne...

LA BARONNE.

Et, au milieu de ça, je n'ai pas de bougie! Voyez donc un peu si Dupré est là.

L'ABBÉ.

Je pense qu'il s'occupe des sirops.

LA BARONNE.

Vous avez raison : ces maudits sirops, voilà encore de quoi mourir. Il y a huit jours que j'ai écrit moi-même, et ils ne sont arrivés qu'il y a une heure. Je vous demande si on va boire ça!

L'ABBÉ.

Cet homme en blouse, Madame la baronne, est quelque émissaire, n'en doutez pas. Il m'a semblé, autant que je me le rappelle, qu'une de vos femmes causait avec lui. Ce jeune homme d'hier est mauvaise tête, et il faut songer que la manière assez verte dont vous vous en êtes délivrée...

LA BARONNE.

Bah! des Van Buck? des marchands de toile? qu'est-ce que vous voulez donc que ça fasse? Quand ils crieraient, est-ce qu'ils ont voix? Il faut que je démeuble le petit salon; jamais je n'aurai de quoi asseoir mon monde.

L'ABBÉ.

Est-ce dans sa chambre, Madame, que votre fille est enfermée?

LA BARONNE.

Dix et dix font vingt; les Raimbault sont quatre; vingt, trente. Qu'est-ce que vous dites, l'abbé?

L'ABBÉ.

Je demande, Madame la baronne, si c'est dans sa belle chambre jaune que Mlle Cécile est enfermée?

LA BARONNE.

Non; c'est là, dans la bibliothèque; c'est encore mieux, je l'ai sous la main. Je ne sais ce qu'elle fait, ni si on l'habille, et voilà la migraine qui me prend.

L'ABBÉ.

Désirez-vous que je l'entretienne?

LA BARONNE.

Je vous dis que le verrou est mis; ce qui est fait est fait; nous n'y pouvons rien.

L'ABBÉ.

Je pense que c'était sa femme de chambre qui causait avec ce lourdaud. Veuillez me croire, je vous en supplie; il s'agit là de quelque anguille sous roche qu'il importe de ne pas négliger.

LA BARONNE.

Décidément, il faut que j'aille à l'office; c'est la dernière fois que je reçois ici.

Elle sort.

L'ABBÉ, seul.

Il me semble que j'entends du bruit dans la pièce attenante à ce salon. Ne serait-ce point la jeune fille? Hélas! ceci est inconsidéré!

CÉCILE, en dehors.

Monsieur l'abbé, voulez-vous m'ouvrir?

L'ABBÉ.

Mademoiselle, je ne le puis sans autorisation préalable.

CÉCILE, de même.

La clef est là, sous le coussin de la causeuse; vous n'avez qu'à la prendre et vous m'ouvrirez.

L'ABBÉ, prenant la clef.

Vous avez raison, Mademoiselle, la clef s'y trouve effectivement; mais je ne puis m'en servir d'aucune façon, bien contrairement à mon vouloir.

CÉCILE, de même.

Ah! mon Dieu! je me trouve mal!

L'ABBÉ.

Grand Dieu! rappelez vos esprits. Je vais quérir madame la baronne. Est-il possible qu'un accident funeste vous ait frappée si subitement? Au nom du Ciel! Mademoiselle, répondez-moi, que ressentez-vous?

CÉCILE, de même.

Je me trouve mal! Je me trouve mal!

L'ABBÉ.

Je ne puis laisser expirer ainsi une si charmante

personne. Ma foi ! je prends sur moi d'ouvrir ; on en dira ce qu'on voudra.

<small>Il ouvre la porte.</small>

CÉCILE.

Ma foi, l'abbé, je prends sur moi de m'en aller ; on en dira ce qu'on voudra.

<small>Elle sort en courant.</small>

SCÈNE III

Un petit bois.

<small>Entrent</small> VAN BUCK et VALENTIN.

VALENTIN.

La lune se lève et l'orage passe. Voyez ces perles sur les feuilles : comme ce vent tiède les fait rouler ! A peine si le sable garde l'empreinte de nos pas ; le gravier sec a déjà bu la pluie.

VAN BUCK.

Pour une auberge de hasard, nous n'avons pas trop mal dîné. J'avais besoin de ce fagot flambant : mes vieilles jambes sont regaillardies. Eh bien ! garçon, arrivons-nous ?

VALENTIN.

Voici le terme de notre promenade ; mais, si vous m'en croyez, à présent vous pousserez jusqu'à cette ferme dont les fenêtres brillent là-bas. Vous vous mettrez au coin du feu, et vous nous commanderez un grand bol de vin chaud avec du sucre et de la cannelle.

VAN BUCK.

Ne te feras-tu pas trop attendre? Combien de temps vas-tu rester ici? songe du moins à toutes tes promesses, et à être prêt en même temps que les chevaux.

VALENTIN.

Je vous jure de n'entreprendre ni plus ni moins que ce dont nous sommes convenus. Voyez, mon oncle, comme je vous cède, et comme en tout je fais vos volontés. Au fait, dîner porte conseil, et je sens bien que la colère est quelquefois mauvaise amie. Capitulation de part et d'autre. Vous me permettez un quart d'heure d'amourette, et je renonce à toute espèce de vengeance. La petite retourne chez elle, nous à Paris, et tout sera dit. Quant à la détestée baronne, je lui pardonne en l'oubliant.

VAN BUCK.

C'est à merveille! et n'aie pas de crainte que tu manques de femmes pour cela. Il n'est pas dit qu'une vieille folle fera tort à d'honnêtes gens, qui ont amassé un bien considérable, et qui ne sont point mal tournés. Vrai Dieu! il fait beau clair de lune; cela me rappelle mon jeune temps.

VALENTIN.

Ce billet doux que je viens de recevoir n'est pas si niais, savez-vous? Cette petite fille a de l'esprit, et même quelque chose de mieux; oui, il y a du cœur dans ces trois lignes; je ne sais quoi de tendre et de hardi, de virginal et de brave en même temps; le rendez-vous qu'elle m'assigne est, du reste, comme son billet. Regardez ce bosquet, ce ciel, ce coin de verdure dans un lieu si sauvage. Ah! que le cœur est un grand maître! on n'invente rien de ce qu'il trouve, et c'est lui seul qui choisit tout.

VAN BUCK.

Je me souviens qu'étant à la Haye, j'eus une équipée de ce genre. C'était, ma foi, un beau brin de fille : elle avait cinq pieds et quelques pouces, et une vraie moisson d'appas. Quelles Vénus que ces Flamandes! On ne sait ce que c'est qu'une femme à présent; dans toutes vos beautés parisiennes, il y a moitié chair et moitié coton.

VALENTIN.

Il me semble que j'aperçois des lueurs qui errent là-bas dans la forêt. Qu'est-ce que cela voudrait dire? nous traquerait-on à l'heure qu'il est?

VAN BUCK.

C'est sans doute le bal qu'on prépare; il y a fête ce soir au château.

VALENTIN.

Séparons-nous pour plus de sûreté; dans une demi-heure, à la ferme.

VAN BUCK.

C'est dit. Bonne chance, garçon; tu me conteras ton affaire, et nous en ferons quelque chanson; c'était notre ancienne manière; pas de fredaine dont on ne fît un couplet.

Il chante.

Eh! vraiment, oui, Mademoiselle,
Eh! vraiment, oui, nous serons trois.

Valentin sort. On voit des hommes qui portent des torches rôder à travers la forêt. Entrent la baronne et l'abbé.

LA BARONNE.

C'est clair comme le jour, elle est folle. C'est un vertige qui lui a pris.

L'ABBÉ.

Elle me crie : « Je me trouve mal ! » vous concevez ma position.

VAN BUCK, chantant.

Il est donc bien vrai,
Charmante Colette,
Il est donc bien vrai
Que, pour votre fête,
Colin vous a fait...
Présent d'un bouquet.

LA BARONNE.

Et justement, dans ce moment-là, je vois arriver une voiture. Je n'ai eu que le temps d'appeler Dupré. Dupré n'y était pas! On entre, on descend. C'était la marquise de Valangoujar et le baron de Villebouzin.

L'ABBÉ.

Quand j'ai entendu ce premier cri, j'ai hésité; mais que voulez-vous faire? Je la voyais là, sans connaissance, étendue à terre; elle criait à tue-tête, j'avais la clef dans ma main.

VAN BUCK, chantant.

Quand il vous l'offrit,
Charmante brunette,
Quand il vous l'offrit,
Petite Colette,
On dit qu'il vous prit...
Un frisson subit.

LA BARONNE.

Conçoit-on ça? je vous le demande. Ma fille qui se sauve à travers champs, et trente voitures qui entrent ensemble! Je ne survivrai jamais à un pareil moment.

L'ABBÉ.

Encore si j'avais eu le temps, je l'aurais peut-être retenue par son châle... ou du moins... enfin, par mes prières, par mes justes observations.

VAN BUCK, chantant.

Dites à présent,
Charmante bergère,
Dites à présent
Que vous n'aimez guère

Qu'un amant constant...
Vous fasse un présent.

LA BARONNE.

C'est vous, Van Buck ? Ah! mon cher ami, nous sommes perdus; qu'est-ce que ça veut dire? Ma fille est folle, elle court les champs! Avez-vous idée d'une chose pareille? J'ai quarante personnes chez moi; me voilà à pied par le temps qu'il fait. Vous ne l'avez pas vue dans le bois? Elle s'est sauvée, c'est comme un rêve; elle était coiffée et poudrée d'un côté, c'est sa fille de chambre qui me l'a dit. Elle est partie en souliers de satin blanc; elle a renversé l'abbé qui était là, et lui a passé sur le corps. J'en vais mourir! Mes gens ne trouvent rien; et il n'y a pas à dire, il faut que je rentre. Ce n'est pas votre neveu, par hasard, qui nous jouerait un tour pareil? Je vous ai brusqué; n'en parlons plus. Tenez! aidez-moi et faisons la paix. Vous êtes mon vieil ami, pas vrai? Je suis mère, Van Buck. Ah! cruelle fortune! cruel hasard! que t'ai-je donc fait?

Elle se met à pleurer.

VAN BUCK.

Est-il possible, Madame la baronne? vous, seule à pied! vous, cherchant votre fille! Grand Dieu! vous pleurez! Ah! malheureux que je suis!

L'ABBÉ.

Sauriez-vous quelque chose, Monsieur? De grâce, prêtez-nous vos lumières.

VAN BUCK.

Venez, Baronne, prenez mon bras, et Dieu veuille que nous les trouvions! Je vous dirai tout; soyez sans crainte. Mon neveu est homme d'honneur, et tout peut encore se réparer.

LA BARONNE.

Ah bah! c'était un rendez-vous? Voyez-vous la petite masque! A qui se fier désormais?

Ils sortent.

SCÈNE IV

Une clairière dans le bois.

Entrent CÉCILE et VALENTIN.

VALENTIN.

Qui est là? Cécile, est-ce vous?

CÉCILE.

C'est moi. Que veulent dire ces torches et ces clartés dans la forêt?

VALENTIN.

Je ne sais; qu'importe? Ce n'est pas pour nous.

CÉCILE.

Venez là, où la lune éclaire; là, où vous voyez ce rocher.

VALENTIN.

Non, venez là, où il fait sombre; là, sous l'ombre de ces bouleaux. Il est possible qu'on vous cherche, et il faut échapper aux yeux.

CÉCILE.

Je ne verrais pas votre visage; venez, Valentin, obéissez.

VALENTIN.

Où tu voudras, charmante fille; où tu iras, je te suivrai. Ne m'ôte pas cette main tremblante, laisse mes lèvres la rassurer.

CÉCILE.

Je n'ai pas pu venir plus vite. Y a-t-il longtemps que vous m'attendez?

VALENTIN.

Depuis que la lune est dans le ciel; regarde cette lettre trempée de larmes: c'est le billet que tu m'as écrit.

CÉCILE.

Menteur! C'est le vent et la pluie qui ont pleuré sur ce papier.

VALENTIN.

Non, ma Cécile, c'est la joie et l'amour, c'est le bonheur et le désir. Qui t'inquiète? Pourquoi ces regards? que cherches-tu autour de toi?

CÉCILE.

C'est singulier! je ne me reconnais pas. Où est votre oncle? Je croyais le voir ici.

VALENTIN.

Mon oncle est gris de chambertin; ta mère est loin, et tout est tranquille. Ce lieu est celui que tu as choisi, et que ta lettre m'indiquait.

CÉCILE.

Votre oncle est gris? — Pourquoi, ce matin, se cachait-il dans la charmille?

VALENTIN.

Ce matin? où donc? que veux-tu dire? Je me promenais seul dans le jardin.

CÉCILE.

Ce matin, quand je vous ai parlé, votre oncle était derrière un arbre. Est-ce que vous ne le saviez pas? Je l'ai vu en détournant l'allée.

VALENTIN.

Il faut que tu te sois trompée; je ne me suis aperçu de rien.

CÉCILE.

Oh! je l'ai bien vu; il écartait les branches; c'était peut-être pour nous épier.

VALENTIN.

Quelle folie! tu as fait un rêve. N'en parlons plus. Donne-moi un baiser.

CÉCILE.

Oui, mon ami, et de tout mon cœur; asseyez-vous là près de moi. — Pourquoi donc, dans votre lettre d'hier, avez-vous dit du mal de ma mère?

VALENTIN.

Pardonne-moi : c'est un moment de délire, et je n'étais pas maître de moi.

CÉCILE.

Elle m'a demandé cette lettre, et je n'osais la lui montrer; je savais ce qui allait arriver. Mais qui est-ce donc qui l'avait avertie? Elle n'a pourtant rien pu deviner : la lettre était là, dans ma poche.

VALENTIN.

Pauvre enfant! on t'a maltraitée; c'est ta femme de chambre qui t'aura trahie. A qui se fier en pareil cas?

CÉCILE.

Oh! non! ma femme de chambre est sûre; il n'y avait que faire de lui donner de l'argent. Mais, en manquant de respect pour ma mère, vous deviez penser que vous en manquiez pour moi.

VALENTIN.

N'en parlons plus, puisque tu me pardonnes. Ne gâtons pas un si précieux moment. O ma Cécile! que tu es belle, et quel bonheur repose en toi! Par quels serments, par quels trésors puis-je payer tes douces caresses! Ah! la vie n'y suffirait pas. Viens sur mon cœur; que le tien le sente battre, et que ce beau ciel les emporte à Dieu!

CÉCILE.

Oui, Valentin, mon cœur est sincère. Sentez

mes cheveux comme ils sont doux; j'ai de l'iris de ce côté-là, mais je n'ai pas pris le temps d'en mettre de l'autre. — Pourquoi donc, pour venir chez nous, avez-vous caché votre nom?

VALENTIN.

Je ne puis le dire : c'est un caprice, une gageure que j'avais faite.

CÉCILE.

Une gageure! Avec qui donc?

VALENTIN.

Je n'en sais plus rien. Qu'importent ces folies?

CÉCILE.

Avec votre oncle peut-être; n'est-ce pas?

VALENTIN.

Oui. Je t'aimais, et je voulais te connaître, et que personne ne fût entre nous.

CÉCILE.

Vous avez raison. A votre place, j'aurais voulu faire comme vous.

VALENTIN.

Pourquoi es-tu si curieuse, et à quoi bon toutes ces questions? Ne m'aimes-tu pas, ma belle Cécile? Réponds-moi oui, et que tout soit oublié.

CÉCILE.

Oui, cher, oui, Cécile vous aime, et elle voudrait être plus digne d'être aimée; mais c'est assez qu'elle le soit pour vous. Mettez vos deux mains dans les miennes. — Pourquoi donc m'avez-vous refusée tantôt quand je vous ai prié à dîner ?

VALENTIN.

Je voulais partir : j'avais affaire ce soir.

CÉCILE.

Pas grande affaire, ni bien loin, il me semble, car vous êtes descendu au bout de l'avenue.

VALENTIN.

Tu m'as vu? Comment le sais-tu?

CÉCILE.

Oh! je guettais. Pourquoi m'avez-vous dit que vous ne dansiez pas la mazourke? Je vous l'ai vu danser l'autre hiver.

VALENTIN.

Où donc? je ne m'en souviens pas.

CÉCILE.

Chez Mme de Gesvres, au bal déguisé. Comment ne vous en souvenez-vous pas? Vous me disiez dans votre lettre d'hier que vous m'aviez vue cet hiver : c'était là.

VALENTIN.

Tu as raison ; je m'en souviens. Regarde comme cette nuit est pure! Comme ce vent soulève sur tes épaules cette gaze avare qui les entoure! Prête l'oreille : c'est la voix de la nuit, c'est le chant de l'oiseau qui invite au bonheur. Derrière cette roche élevée, nul regard ne peut nous découvrir. Tout dort, excepté ce qui s'aime. Laisse ma main écarter ce voile, et mes deux bras le remplacer.

CÉCILE.

Oui, mon ami. Puissé-je vous sembler belle ! Mais ne m'ôtez pas votre main ; je sens que mon cœur est dans la mienne, et qu'il va au vôtre par là. — Pourquoi donc vouliez-vous partir, et faire semblant d'aller à Paris ?

VALENTIN.

Il le fallait ; c'était pour mon oncle. Osais-je, d'ailleurs, prévoir que tu viendrais à ce rendez-vous ? Oh ! que je tremblais en écrivant cette lettre, et que j'ai souffert en t'attendant !

CÉCILE.

Pourquoi ne serais-je pas venue, puisque je sais que vous m'épouserez ?

Valentin se lève et fait quelques pas.

Qu'avez-vous donc ? Qui vous chagrine ? Venez vous rasseoir près de moi.

VALENTIN.

Ce n'est rien : j'ai cru, — j'ai cru entendre, j'ai cru voir quelqu'un de ce côté.

CÉCILE.

Nous sommes seuls : soyez sans crainte. Venez donc. Faut-il me lever ? Ai-je dit quelque chose qui vous ait blessé ? Votre visage n'est plus le même. Est-ce parce que j'ai gardé mon châle, quoique vous vouliez que je l'ôtasse ? C'est qu'il fait froid : je suis en toilette de bal. Regardez donc mes souliers de satin. Qu'est-ce que cette pauvre Henriette va penser? Mais qu'avez-vous? Vous ne répondez pas; vous êtes triste. Qu'ai-je donc pu vous dire? C'est par ma faute, je le vois.

VALENTIN.

Non, je vous le jure, vous vous trompez; c'est une pensée involontaire qui vient de me traverser l'esprit.

CÉCILE.

Vous me disiez « tu » tout à l'heure, et même, je crois, un peu légèrement. Quelle est donc cette mauvaise pensée qui vous a frappé tout à coup? Vous ai-je déplu? Je serais bien à plaindre. Il me semble pourtant que je n'ai rien dit de mal. Mais si vous aimez mieux marcher, je ne veux pas rester assise.

Elle se lève.

Donnez-moi le bras, et promenons-nous. Savez-vous une chose? Ce matin, je vous avais fait monter dans votre chambre un bon bouillon que Henriette avait fait. Quand je vous ai rencontré, je vous l'ai dit; j'ai cru que vous ne vouliez pas le prendre, et que cela vous déplaisait. J'ai repassé trois fois dans l'allée, m'avez-vous vue? Alors vous êtes monté; je suis allée me mettre devant le parterre, et je vous ai vu par votre croisée : vous teniez la tasse à deux mains, et vous avez bu tout d'un trait. Est-ce vrai? L'avez-vous trouvé bon?

VALENTIN.

Oui, chère enfant, le meilleur du monde, bon comme ton cœur et comme toi.

CÉCILE.

Ah! quand nous serons mari et femme, je vous soignerai mieux que cela. Mais, dites-moi, qu'est-ce que cela veut dire, de s'aller jeter dans un fossé, risquer de se tuer, et pour quoi faire? Vous saviez bien être reçu chez nous. Que vous ayez voulu arriver tout seul, je le comprends, mais à quoi bon le reste? Est-ce que vous aimez les romans?

VALENTIN.

Quelquefois. Allons donc nous rasseoir.

Ils se rassoient.

CÉCILE.

Je vous avoue qu'ils ne me plaisent guère; ceux que j'ai lus ne signifient rien. Il me semble que ce ne sont que des mensonges, et que tout s'y invente à plaisir. On n'y parle que de séductions, de ruses, d'intrigues, de mille choses impossibles. Il n'y a que les sites qui m'en plaisent; j'en aime les paysages, et non les tableaux. Tenez, par exemple, ce soir, quand j'ai reçu votre lettre et que j'ai vu qu'il s'agissait d'un rendez-vous dans le bois, c'est vrai que j'ai cédé à une envie d'y venir qui tient bien un peu du roman; mais c'est que j'y ai trouvé aussi un peu de réel à mon avantage. Si ma mère le sait, et elle le saura, vous comprenez qu'il faut qu'on nous marie. Que votre oncle soit brouillé ou non avec elle, il faudra bien se raccommoder. J'étais honteuse d'être enfermée; et, au fait, pourquoi l'ai-je été? L'abbé est venu, j'ai fait la morte; il m'a ouvert, et je me suis sauvée : voilà ma ruse, je vous la donne pour ce qu'elle vaut.

VALENTIN, à part.

Suis-je un renard pris à son piège, ou un fou qui revient à la raison?

CÉCILE.

Eh bien! vous ne me répondez pas. Est-ce que cette tristesse va durer toujours?

VALENTIN.

Vous me paraissez savante pour votre âge, et en même temps aussi étourdie que moi, qui le suis comme le premier coup de matines.

CÉCILE.

Pour étourdie, j'en dois convenir ici; mais, mon ami, c'est que je vous aime. Vous le dirai-je? Je savais que vous m'aimiez, et ce n'est pas d'hier que je m'en doutais. Je ne vous ai vu que trois fois à ce bal; mais j'ai du cœur, et je m'en souviens. Vous avez valsé avec Mlle de Gesvres, et, en passant contre la porte, son épingle italienne a rencontré le panneau, et ses cheveux se sont déroulés sur elle. Vous en souvenez-vous maintenant? Ingrat! le premier mot de votre lettre disait que vous vous en souveniez. Aussi comme le cœur m'a battu! Tenez! croyez-moi, c'est là ce qui prouve qu'on aime, et c'est pour cela que je suis ici.

CÉCILE. VALENTIN, à part.

Ou j'ai sous le bras le plus rusé démon que l'enfer ait jamais vomi, ou la voix qui me parle est celle d'un ange, et elle m'ouvre le chemin des cieux.

CÉCILE.

Pour savante, c'est une autre affaire; mais je veux répondre, puisque vous ne dites rien. Voyons! savez-vous ce que c'est que cela?

VALENTIN.

Quoi? cette étoile à droite de cet arbre?

CÉCILE.

Non; celle-là qui se montre à peine et qui brille comme une larme.

VALENTIN.

Vous avez lu Mme de Staël?

CÉCILE.

Oui; ce mot de larme me plaît, je ne sais pourquoi, comme les étoiles. Un beau ciel pur me donne envie de pleurer.

VALENTIN.

Et à moi envie de t'aimer, de te le dire et de vivre pour toi! Cécile, sais-tu à qui tu parles, et quel est l'homme qui ose t'embrasser?

CÉCILE.

Dites-moi donc le nom de mon étoile. Vous n'en êtes pas quitte à si bon marché.

VALENTIN.

Eh bien! c'est Vénus, l'astre de l'amour, la plus belle perle de l'océan des nuits.

CÉCILE.

Non pas; c'en est une plus chaste et bien plus digne de respect; vous apprendrez à l'aimer un jour, quand vous vivrez dans les métairies et que vous aurez des pauvres à vous; admirez-la, et gardez-vous de sourire : c'est Cérès, déesse du pain.

VALENTIN.

Tendre enfant! je devine ton cœur : tu fais la charité, n'est-ce pas?

CÉCILE.

C'est ma mère qui me l'a appris; il n'y a pas de meilleure femme au monde.

VALENTIN.

Vraiment? Je ne l'aurais pas cru.

CÉCILE.

Ah! mon ami, ni vous ni bien d'autres vous ne vous doutez de ce qu'elle vaut. Qui a vu ma mère un quart d'heure croit la juger sur quelques mots au hasard. Elle passe le jour à jouer aux cartes, et le soir à faire du tapis; elle ne quitterait pas son piquet pour un prince; mais que Dupré vienne, et qu'il lui parle bas, vous la verrez se lever de table si c'est un mendiant qui attend.

Que de fois nous sommes allées ensemble, en robe de soie, comme je suis là, courir les sentiers de la vallée, portant la soupe et le bouilli, des souliers, du linge, à des pauvres gens ! Que de fois j'ai vu, à l'église, les yeux des malheureux s'humecter de pleurs lorsque ma mère les regardait ! Allez ! elle a le droit d'être fière, et je l'ai été d'elle quelquefois.

VALENTIN.

Tu regardes toujours ta larme céleste; et moi aussi, mais dans tes yeux bleus.

CÉCILE.

Que le ciel est grand ! Que ce monde est heureux ! Que la nature est calme et bienfaisante !

VALENTIN.

Veux-tu aussi que je te fasse de la science et que je te parle astronomie ? Dis-moi, dans cette poussière de mondes, y en a-t-il un qui ne sache sa route, qui n'ait reçu sa mission avec la vie, et qui ne doive mourir en l'accomplissant ? Pourquoi ce ciel immense n'est-il pas immobile ? Dis-moi, s'il y a jamais eu un moment où tout fut créé, en vertu de quelle force ont-ils commencé à se mouvoir, ces mondes qui ne s'arrêteront jamais ?

CÉCILE.

Par l'éternelle pensée.

VALENTIN.

Par l'éternel amour. La main qui les suspend

dans l'espace n'a écrit qu'un mot en lettres de feu. Ils vivent parce qu'ils se cherchent, et les soleils tomberaient en poussière si l'un d'entre eux cessait d'aimer.

CÉCILE.

Ah ! toute la vie est là !

VALENTIN.

Oui, toute la vie, — depuis l'Océan qui se soulève sous les pâles baisers de Diane jusqu'au scarabée qui s'endort jaloux dans sa fleur chérie. Demande aux forêts et aux pierres ce qu'elles diraient si elles pouvaient parler. Elles ont l'amour dans le cœur et ne peuvent l'exprimer. Je t'aime ! Voilà ce que je sais, ma chère ; voilà ce que cette fleur te dira, elle qui choisit dans le sein de la terre les sucs qui doivent la nourrir ; elle qui écarte et repousse les éléments impurs qui pourraient ternir sa fraîcheur ! Elle sait qu'il faut qu'elle soit belle au jour, et qu'elle meure dans sa robe de noce devant le soleil qui l'a créée. J'en sais moins qu'elle en astronomie ; donne-moi ta main ; tu en sais plus en amour.

CÉCILE.

J'espère, du moins, que ma robe de noce ne sera pas mortellement belle. Il me semble qu'on rôde autour de nous.

VALENTIN.

Non, tout se tait. N'as-tu pas peur? Es-tu venue ici sans trembler?

CÉCILE.

Pourquoi? De quoi aurais-je peur? Est-ce de vous ou de la nuit?

VALENTIN.

Pourquoi pas de moi? Qui te rassure? Je suis jeune, tu es belle, et nous sommes seuls.

CÉCILE.

Eh bien! Quel mal y a-t-il à cela?

VALENTIN.

C'est vrai, il n'y a aucun mal; écoutez-moi, et laissez-moi me mettre à genoux.

CÉCILE.

Qu'avez-vous donc? vous frissonnez.

VALENTIN.

Je frissonne de crainte et de joie, car je vais t'ouvrir le fond de mon cœur. Je suis un fou de la plus méchante espèce, quoique, dans ce que je vais t'avouer, il n'y ait qu'à hausser les épaules. Je n'ai fait que jouer, boire et fumer depuis que j'ai mes dents de sagesse. Tu m'as dit que les romans te choquent : j'en ai beaucoup lu, et des plus mauvais. Il y en a un qu'on nomme *Clarisse Harlowe;* je te le donnerai à lire quand tu seras ma femme. Le héros aime une belle fille comme toi, ma chère, et il veut l'épouser, mais auparavant il veut l'éprouver. Il l'enlève et l'emmène à Londres ; après quoi, comme elle résiste, Bedfort arrive... c'est-à-dire Tomlinson, un capitaine... je veux dire Morden... non, je me trompe... Enfin, pour abréger... Lovelace est un sot, et moi aussi, d'avoir voulu suivre son exemple... Dieu soit loué ! tu ne m'as pas compris... Je t'aime, je t'épouse : il n'y a de vrai au monde que de déraisonner d'amour.

<small>Entrent Van Buck, la baronne, l'abbé, et plusieurs domestiques qui les éclairent.</small>

LA BARONNE.

Je ne crois pas un mot de ce que vous dites. Il est trop jeune pour une noirceur pareille.

VAN BUCK.

Hélas ! Madame, c'est la vérité.

LA BARONNE.

Séduire ma fille ! tromper une enfant ! déshonorer une famille entière ! Chanson ! Je vous dis que c'est une sornette ; on ne fait plus de ces choses-là. Tenez ! les voilà qui s'embrassent. Bonsoir, mon gendre ; où diable vous fourrez-vous ?

L'ABBÉ.

Il est fâcheux que nos recherches soient couronnées d'un si tardif succès; toute la compagnie va être partie.

VAN BUCK.

Ah çà! mon neveu, j'espère bien qu'avec votre sotte gageure...

VALENTIN.

Mon oncle, il ne faut jurer de rien, et encore moins défier personne.

UN CAPRICE

COMÉDIE EN UN ACTE

Publiée en 1837, représentée en 1847.

PERSONNAGES

M. DE CHAVIGNY.
MATHILDE.
MADAME DE LÉRY.

La scène se passe dans la chambre à coucher de Mathilde.

UN CAPRICE
(Scène II)

UN CAPRICE

SCÈNE PREMIÈRE

MATHILDE, seule, travaillant au filet.

Encore un point, et j'ai fini.

Elle sonne ; un domestique entre.

Est-on venu de chez Janisset ?

LE DOMESTIQUE.

Non, Madame, pas encore.

MATHILDE.

C'est insupportable ; qu'on y retourne ; dépêchez-vous.

Le domestique sort.

J'aurais dû prendre les premiers glands venus. Il est huit heures ; il est à sa toilette ; je suis sûre qu'il va venir ici avant que tout soit prêt. Ce sera encore un jour de retard.

Elle se lève.

Faire une bourse en cachette à son mari, cela

passerait aux yeux de bien des gens pour un peu plus que romanesque. Après un an de mariage ! Qu'est-ce que Mme de Léry, par exemple, en dirait si elle le savait ? Et lui-même, qu'en pensera-t-il ? Bon ! il rira peut-être du mystère, mais il ne rira pas du cadeau. Pourquoi ce mystère, en effet ? je ne sais. Il me semble que je n'aurais pas travaillé de si bon cœur devant lui ; cela aurait eu l'air de lui dire : Voyez comme je pense à vous ; cela ressemblerait à un reproche ; tandis qu'en lui montrant mon petit travail fini, ce sera lui qui se dira que j'ai pensé à lui.

LE DOMESTIQUE, rentrant.

On apporte cela à Madame de chez le bijoutier.

Il donne un petit paquet à Mathilde.

MATHILDE.

Enfin !

Elle se rassoit.

Quand M. de Chavigny viendra, prévenez-moi.

Le domestique sort.

Nous allons donc, ma chère petite bourse, vous faire votre dernière toilette. Voyons si vous serez coquette avec ces glands-là ? Pas mal. Comment serez-vous reçue maintenant ? Direz-vous tout le plaisir qu'on a eu à vous faire, tout le soin qu'on a pris de votre petite personne ? On ne s'attend pas à vous, Mademoiselle. On n'a voulu vous montrer que dans tous vos atours. Aurez-vous un baiser pour votre peine ?

<small>Elle baise sa bourse et s'arrête.</small>

Pauvre petite! tu ne vaux pas grand'chose; on ne te vendrait pas deux louis. Comment se fait-il qu'il me semble triste de me séparer de toi? N'as-tu pas été commencée pour être finie le plus vite possible? Ah! tu as été commencée plus gaiement que je ne t'achève. Il n'y a pourtant que quinze jours de cela; que quinze jours, est-ce possible? Non, pas davantage; et que de choses en quinze jours! Arrivons-nous trop tard, petite?... Pourquoi de telles idées? On vient, je crois; c'est lui : il m'aime encore.

UN DOMESTIQUE, entrant.

Voilà monsieur le comte, Madame.

MATHILDE.

Ah! mon Dieu! je n'ai mis qu'un gland et j'ai oublié l'autre. Sotte que je suis! Je ne pourrai pas encore la lui donner aujourd'hui! Qu'il attende un instant, une minute, au salon; vite, avant qu'il entre...

LE DOMESTIQUE.

Le voilà, Madame.

<small>Il sort. Mathilde cache sa bourse.</small>

SCÈNE II

MATHILDE, CHAVIGNY.

CHAVIGNY.

Bonsoir, ma chère; est-ce que je vous dérange?
Il s'assoit.

MATHILDE.

Moi, Henri? quelle question!

CHAVIGNY.

Vous avez l'air troublé, préoccupé. J'oublie toujours, quand j'entre chez vous, que je suis votre mari, et je pousse la porte trop vite.

MATHILDE.

Il y a là un peu de méchanceté; mais, comme il y a aussi un peu d'amour, je ne vous en embrasserai pas moins.
Elle l'embrasse.
Qu'est-ce que vous croyez donc être, Monsieur, quand vous oubliez que vous êtes mon mari?

CHAVIGNY.

Ton amant, ma belle; est-ce que je me trompe?

MATHILDE.

Amant et ami, tu ne te trompes pas.
A part.
J'ai envie de lui donner la bourse comme elle est.

CHAVIGNY.
Quelle robe as-tu donc? Tu ne sors pas?
MATHILDE.
Non, je voulais... j'espérais que peut-être...
CHAVIGNY.
Vous espériez?... Qu'est-ce que c'est donc?
MATHILDE.
Tu vas au bal? tu es superbe.
CHAVIGNY.
Pas trop; je ne sais si c'est ma faute ou celle du tailleur, mais je n'ai plus ma tournure du régiment.
MATHILDE.
Inconstant! vous ne pensez pas à moi en vous mirant dans cette glace.
CHAVIGNY.
Bah! à qui donc? Est-ce que je vais au bal pour danser? Je vous jure bien que c'est une corvée, et que je m'y traîne sans savoir pourquoi.
MATHILDE.
Eh bien! restez, je vous en supplie. Nous serons seuls, et je vous dirai...
CHAVIGNY.
Il me semble que ta pendule avance; il ne peut pas être si tard.
MATHILDE.
On ne va pas au bal à cette heure-ci, quoi que puisse dire la pendule. Nous sortons de table il y a un instant.

CHAVIGNY.
J'ai dit d'atteler; j'ai une visite à faire.
MATHILDE.
Ah! c'est différent. Je... je ne savais pas... j'avais cru...
CHAVIGNY.
Eh bien?
MATHILDE.
J'avais supposé... d'après ce que tu disais... Mais la pendule va bien; il n'est que huit heures. Accordez-moi un petit moment. J'ai une petite surprise à vous faire.
CHAVIGNY, se levant.
Vous savez, ma chère, que je vous laisse libre et que vous sortez quand il vous plaît. Vous trouverez juste que ce soit réciproque. Quelle surprise me destinez-vous?
MATHILDE.
Rien; je n'ai pas dit ce mot-là, je crois.
CHAVIGNY.
Je me trompe donc, j'avais cru l'entendre. Avez-vous là ces valses de Strauss? Prêtez-les-moi, si vous n'en faites rien.
MATHILDE.
Les voilà; les voulez-vous maintenant?
CHAVIGNY.
Mais, oui, si cela ne vous gêne pas. On me les a demandées pour un ou deux jours. Je ne vous en priverai pas longtemps.

MATHILDE.

Est-ce pour Mme de Blainville?

CHAVIGNY, prenant les valses.

Plaît-il? ne parlez-vous pas de Mme de Blainville?

MATHILDE.

Moi! non; je n'ai pas parlé d'elle.

CHAVIGNY.

Pour cette fois j'ai bien entendu.
Il se rassoit.
Qu'est-ce que vous dites de Mme de Blainville?

MATHILDE.

Je pensais que mes valses étaient pour elle.

CHAVIGNY.

Et pourquoi pensiez-vous cela?

MATHILDE.

Mais parce que... parce qu'elle les aime.

CHAVIGNY.

Oui, et moi aussi; et vous aussi, je crois. Il y en a une surtout; comment est-ce donc? Je l'ai oubliée... Comment dit-elle donc?

MATHILDE.

Je ne sais pas si je m'en souviendrai.
Elle se met au piano et joue.

CHAVIGNY.

C'est cela même! C'est charmant, divin, et vous la jouez comme un ange, ou, pour mieux dire, comme une vraie valseuse.

MATHILDE.

Est-ce aussi bien qu'elle, Henri?

CHAVIGNY.

Qui, elle? Mme de Blainville? Vous y tenez, à ce qu'il paraît.

MATHILDE.

Oh! pas beaucoup. Si j'étais homme, ce n'est pas elle qui me tournerait la tête.

CHAVIGNY.

Et vous auriez raison, Madame. Il ne faut jamais qu'un homme se laisse tourner la tête, ni par une femme, ni par une valse.

MATHILDE.

Comptez-vous jouer ce soir, mon ami?

CHAVIGNY.

Eh! ma chère, quelle idée avez-vous? On joue, mais on ne compte pas jouer.

MATHILDE.

Avez-vous de l'or dans vos poches?

CHAVIGNY.

Peut-être bien. Est-ce que vous en voulez?

MATHILDE.

Moi, grand Dieu! Que voulez-vous que j'en fasse?

CHAVIGNY.

Pourquoi pas? Si j'ouvre votre porte trop vite, je n'ouvre pas du moins vos tiroirs, et c'est peut-être un double tort que j'ai.

MATHILDE.

Vous mentez, Monsieur; il n'y a pas longtemps que je me suis aperçue que vous les aviez ouverts, et vous me laissez beaucoup trop riche.

CHAVIGNY.

Non pas, ma chère, tant qu'il y aura des pauvres. Je sais quel usage vous faites de votre fortune, et je vous demande de me permettre de faire la charité par vos mains.

MATHILDE.

Cher Henri! que tu es noble et bon! Dis-moi un peu : te souviens-tu d'un jour où tu avais une petite dette à payer, et où tu te plaignais de n'avoir pas de bourse?

CHAVIGNY.

Quand donc? Ah! c'est juste. Le fait est que, quand on sort, c'est une chose insupportable de se fier à des poches qui ne tiennent à rien...

MATHILDE.

Aimerais-tu une bourse rouge avec un filet noir?

CHAVIGNY.

Non, je n'aime pas le rouge. Parbleu! tu me fais penser que j'ai justement là une bourse toute neuve d'hier; c'est un cadeau. Qu'en pensez-vous?

Il tire une bourse de sa poche.

Est-ce de bon goût?

MATHILDE.

Voyons; voulez-vous me la montrer?

CHAVIGNY.

Tenez.

Il la lui donne; elle la regarde, puis la lui rend.

MATHILDE.

C'est très joli. De quelle couleur est-elle?

CHAVIGNY, riant.

De quelle couleur? La question est excellente.

MATHILDE.

Je me trompe... je veux dire... Qui est-ce qui vous l'a donnée?

CHAVIGNY.

Ah! c'est trop plaisant, sur mon honneur! vos distractions sont adorables.

UN DOMESTIQUE, annonçant.

Madame de Léry!

MATHILDE.

J'ai défendu ma porte en bas.

CHAVIGNY.

Non, non, qu'elle entre. Pourquoi ne pas la recevoir?

MATHILDE.

Eh bien! enfin, Monsieur, cette bourse, peut-on savoir le nom de l'auteur?

SCÈNE III

MATHILDE, CHAVIGNY, MADAME DE LÉRY
en toilette de bal.

CHAVIGNY.

Venez, Madame, venez, je vous en prie; on n'arrive pas plus à propos. Mathilde vient de me faire une étourderie qui, en vérité, vaut son pesant d'or. Figurez-vous que je lui montre cette bourse...

MADAME DE LÉRY.

Tiens! c'est assez gentil. Voyons donc.

CHAVIGNY.

Je lui montre cette bourse; elle la regarde, la tâte, la retourne, et, en me la rendant, savez-vous ce qu'elle me dit? Elle me demande de quelle couleur elle est!

MADAME DE LÉRY.

Eh bien! elle est bleue.

CHAVIGNY.

Eh oui! elle est bleue... c'est bien certain... et c'est précisément le plaisant de l'affaire... Imaginez-vous qu'on le demande?

MADAME DE LÉRY.

C'est parfait. Bonsoir, chère Mathilde; venez-vous ce soir à l'ambassade?

MATHILDE.

Non, je compte rester.

CHAVIGNY.

Mais vous ne riez pas de mon histoire?

MADAME DE LÉRY.

Mais si. Et qui est-ce qui a fait cette bourse? Ah! je la reconnais, c'est Mme de Blainville. Comment! vraiment vous ne bougez pas?

CHAVIGNY, brusquement.

A quoi la reconnaissez-vous, s'il vous plaît?

MADAME DE LÉRY.

A ce qu'elle est bleue, justement. Je l'ai vue traîner pendant des siècles; on a mis sept ans à la faire, et vous jugez si pendant ce temps-là elle a changé de destination. Elle a appartenu en idée à trois personnes de ma connaissance. C'est un trésor que vous avez là, Monsieur de Chavigny; c'est un vrai héritage que vous avez fait.

CHAVIGNY.

On dirait qu'il n'y a qu'une bourse au monde.

MADAME DE LÉRY.

Non, mais il n'y a qu'une bourse bleue. D'abord, moi, le bleu m'est odieux; ça ne veut rien dire, c'est une couleur bête. Je ne peux pas me tromper sur une chose pareille; il suffit que je l'aie vue une fois. Autant j'adore le lilas, autant je déteste le bleu.

MATHILDE.

C'est la couleur de la constance.

MADAME DE LÉRY.

Bah! c'est la couleur des perruquiers. Je ne viens qu'en passant ; vous voyez, je suis en grand uniforme ; il faut arriver de bonne heure dans ce pays-là ; c'est une cohue à se casser le cou. Pourquoi donc n'y venez-vous pas? Je n'y manquerais pas pour un monde.

MATHILDE.

Je n'y ai pas pensé, et il est trop tard à présent.

MADAME DE LÉRY.

Laissez donc, vous avez tout le temps. Tenez, chère, je vais sonner. Demandez une robe. Nous mettrons M. de Chavigny à la porte avec son petit meuble. Je vous coiffe, je vous pose deux brins de fleurettes, et je vous enlève dans ma voiture. Allons, voilà une affaire bâclée.

MATHILDE.

Pas pour ce soir ; je reste, décidément.

MADAME DE LÉRY.

Décidément! est-ce un parti pris? Monsieur de Chavigny, emmenez donc Mathilde.

CHAVIGNY, sèchement.

Je ne me mêle des affaires de personne.

MADAME DE LÉRY.

Oh! oh! vous aimez le bleu, à ce qu'il paraît. Eh bien! écoutez, savez-vous ce que je vais faire? Donnez-moi du thé, je vais rester ici.

MATHILDE.

Que vous êtes gentille, chère Ernestine! Non,

je ne veux pas priver ce bal de sa reine. Allez me faire un tour de valse, et revenez à onze heures, si vous y pensez; nous causerons seules au coin du feu, puisque M. de Chavigny nous abandonne.

CHAVIGNY.

Moi? pas du tout; je ne sais si je sortirai.

MADAME DE LÉRY.

Eh bien! c'est convenu, je vous quitte. A propos, vous savez mes malheurs: j'ai été volée comme dans un bois.

MATHILDE.

Volée! qu'est-ce que vous voulez dire?

MADAME DE LÉRY.

Quatre robes, ma chère, quatre amours de robes qui me venaient de Londres, perdues à la douane. Si vous les aviez vues, c'est à en pleurer; il y en avait une perse et une puce; on ne fera jamais rien de pareil.

MATHILDE.

Je vous plains bien sincèrement. On vous les a donc confisquées?

MADAME DE LÉRY.

Pas du tout. Si ce n'était que cela, je crierais tant qu'on me les rendrait, car c'est un meurtre. Me voilà nue pour cet été. Imaginez qu'ils m'ont lardé mes robes; ils ont fourré leur sonde je ne sais par où dans ma caisse; ils m'ont fait des trous à y mettre un doigt. Voilà ce qu'on m'apporte hier à déjeuner.

CHAVIGNY.

Il n'y en avait pas de bleue, par hasard?

MADAME DE LÉRY.

Non, Monsieur, pas la moindre. Adieu, belle; je ne fais qu'une apparition. J'en suis, je crois, à ma douzième grippe de l'hiver; je vais attraper ma treizième. Aussitôt fait, j'accours, et me plonge dans vos fauteuils. Nous causerons douane, chiffons, pas vrai? Non, je suis toute triste, nous ferons du sentiment. Enfin, n'importe! Bonsoir, Monsieur de l'azur... Si vous me reconduisez, je ne reviens pas.

Elle sort.

SCÈNE IV

CHAVIGNY, MATHILDE.

CHAVIGNY.

Quel cerveau fêlé que cette femme! Vous choisissez bien vos amies.

MATHILDE.

C'est vous qui avez voulu qu'elle montât.

CHAVIGNY.

Je parierais que vous croyez que c'est Mme de Blainville qui a fait ma bourse.

MATHILDE.

Non, puisque vous dites le contraire.

CHAVIGNY.
Je suis sûr que vous le croyez.
MATHILDE.
Et pourquoi en êtes-vous sûr?
CHAVIGNY.
Parce que je connais votre caractère : Mme de Léry est votre oracle; c'est une idée qui n'a pas le sens commun.
MATHILDE.
Voilà un beau compliment que je ne mérite guère.
CHAVIGNY.
Oh! mon Dieu, si; et j'aimerais tout autant vous voir franche là-dessus que dissimulée.
MATHILDE.
Mais, si je ne le crois pas, je ne puis feindre de le croire pour vous paraître sincère.
CHAVIGNY.
Je vous dis que vous le croyez; c'est écrit sur votre visage.
MATHILDE.
S'il faut le dire pour vous satisfaire, eh bien! j'y consens : je le crois.
CHAVIGNY.
Vous le croyez? Et quand cela serait vrai, quel mal y aurait-il?
MATHILDE.
Aucun, et par cette raison je ne vois pas pourquoi vous le nieriez.

CHAVIGNY.

Je ne le nie pas : c'est elle qui l'a faite.

Il se lève.

Bonsoir ; je reviendrai peut-être tout à l'heure prendre le thé avec votre amie.

MATHILDE.

Henri, ne me quittez pas ainsi.

CHAVIGNY.

Qu'appelez-vous *ainsi*? Sommes-nous fâchés? Je ne vois là rien que de très simple : on me fait une bourse, et je la porte ; vous me demandez qui, et je vous le dis. Rien ne ressemble moins à une querelle.

MATHILDE.

Et si je vous demandais cette bourse, m'en feriez-vous le sacrifice ?

CHAVIGNY.

Peut-être ; à quoi vous servirait-elle ?

MATHILDE.

Il n'importe ; je vous la demande.

CHAVIGNY.

Ce n'est pas pour la porter, je suppose? Je veux savoir ce que vous en feriez.

MATHILDE.

C'est pour la porter.

CHAVIGNY.

Quelle plaisanterie ! Vous porteriez une bourse faite par Mme de Blainville ?

MATHILDE.
Pourquoi non? Vous la portez bien.
CHAVIGNY.
La belle raison! Je ne suis pas femme.
MATHILDE.
Eh bien! si je ne m'en sers pas, je la jetterai au feu!
CHAVIGNY.
Ah! ah! vous voilà donc enfin sincère. Eh bien! très sincèrement aussi, je la garderai, si vous le permettez.
MATHILDE.
Vous en êtes libre assurément; mais je vous avoue qu'il m'est cruel de penser que tout le monde sait qui vous l'a faite, et que vous allez la montrer partout.
CHAVIGNY.
La montrer! Ne dirait-on pas que c'est un trophée!
MATHILDE.
Écoutez-moi, je vous en prie, et laissez-moi votre main dans les miennes.
Elle l'embrasse.
M'aimez-vous, Henri? répondez.
CHAVIGNY.
Je vous aime, et je vous écoute.
MATHILDE.
Je vous jure que je ne suis pas jalouse; mais, si vous me donnez cette bourse de bonne amitié,

je vous remercierai de tout mon cœur. C'est un petit échange que je vous propose, et je crois, j'espère du moins, que vous ne trouverez pas que vous y perdez.

CHAVIGNY.

Voyons votre échange; qu'est-ce que c'est?

MATHILDE.

Je vais vous le dire, si vous y tenez; mais, si vous me donniez la bourse auparavant, sur parole, vous me rendriez bien heureuse.

CHAVIGNY.

Je ne donne rien sur parole.

MATHILDE.

Voyons, Henri, je vous en prie.

CHAVIGNY.

Non.

MATHILDE.

Eh bien! je t'en supplie à genoux.

CHAVIGNY.

Levez-vous, Mathilde, je vous en conjure à mon tour; vous savez que je n'aime pas ces manières-là. Je ne peux pas souffrir qu'on s'abaisse, et je le comprends moins ici que jamais. C'est trop insister sur un enfantillage; si vous l'exigiez sérieusement, je jetterais cette bourse au feu moi-même, et je n'aurais que faire d'échange pour cela. Allons, levez-vous, et n'en parlons plus. Adieu; à ce soir; je reviendrai.

Il sort.

SCÈNE V

MATHILDE, seule.

Puisque ce n'est pas celle-là, ce sera donc l'autre que je brûlerai.

Elle va à son secrétaire et en tire la bourse qu'elle a faite.

Pauvre petite, je te baisais tout à l'heure ; et te souviens-tu de ce que je te disais ? Nous arrivons trop tard, tu le vois. Il ne veut pas de toi, et ne veut plus de moi.

Elle s'approche de la cheminée.

Qu'on est folle de faire des rêves ! ils ne se réalisent jamais. Pourquoi cet attrait, ce charme invincible qui nous fait caresser une idée ? Pourquoi tant de plaisir à la suivre, à l'exécuter en secret ? A quoi bon tout cela ? A pleurer ensuite. Que demande donc l'impitoyable hasard ? Quelles précautions, quelles prières faut-il donc pour mener à bien le souhait le plus simple, la plus chétive espérance ? Vous avez bien dit, Monsieur le comte, j'insiste sur un enfantillage, mais il m'était doux d'y insister ; et vous, si fier ou si infidèle, il ne vous eût pas coûté beaucoup de vous prêter à cet enfantillage. Ah ! il ne m'aime plus, il ne m'aime plus ! Il vous aime, Madame de Blainville !

Elle pleure.

Allons ! il n'y faut plus penser. Jetons au feu

ce hochet d'enfant qui n'a pas su arriver assez vite ; si je le lui avais donné ce soir, il l'aurait peut-être perdu demain. Ah! sans nul doute, il l'aurait fait! il laisserait ma bourse traîner sur sa table, je ne sais où, dans ses rebuts, tandis que l'autre le suivra partout, tandis qu'en jouant, à l'heure qu'il est, il la tire avec orgueil ; je le vois l'étaler sur le tapis, et faire résonner l'or qu'elle renferme. Malheureuse! je suis jalouse ; il me manquait cela pour me faire haïr!

<small>Elle va jeter sa bourse au feu, et s'arrête.</small>

Mais qu'as-tu fait? Pourquoi te détruire, triste ouvrage de mes mains? Il n'y a pas de ta faute ; tu attendais, tu espérais aussi! Tes fraîches couleurs n'ont point pâli durant cet entretien cruel ; tu me plais, je sens que je t'aime ; dans ce petit réseau fragile il y a quinze jours de ma vie ; ah! non, non, la main qui t'a faite ne te tuera pas ; je veux te conserver, je veux t'achever ; tu seras pour moi une relique, je te porterai sur mon cœur ; tu m'y feras en même temps du bien et du mal ; tu me rappelleras mon amour pour lui, son oubli, ses caprices ; et qui sait? cachée à cette place, il reviendra peut-être t'y chercher.

<small>Elle s'assoit et attache le gland qui manquait.</small>

SCÈNE VI

MATHILDE, MADAME DE LÉRY.

MADAME DE LÉRY, derrière la scène.

Personne nulle part ! qu'est-ce que cela veut dire ? On entre ici comme dans un moulin.

Elle ouvre la porte et crie en riant :

Madame de Léry !

Elle entre. Mathilde se lève.

Rebonsoir, chère ; pas de domestiques chez vous ; je cours partout pour trouver quelqu'un. Ah ! je suis rompue !

Elle s'assoit.

MATHILDE.

Débarrassez-vous de vos fourrures.

MADAME DE LÉRY.

Tout à l'heure ; je suis gelée. Aimez-vous ce renard-là ? on dit que c'est de la martre d'Éthiopie, je ne sais quoi ; c'est M. de Léry qui me l'a apporté de Hollande. Moi, je trouve cela laid, franchement : je le porterai trois fois, par politesse, et puis je le donnerai à Ursule.

MATHILDE.

Une femme de chambre ne peut pas mettre cela.

MADAME DE LÉRY.

C'est vrai ; je m'en ferai un petit tapis.

MATHILDE.

Eh bien! ce bal était-il beau?

MADAME DE LÉRY.

Ah! mon Dieu, ce bal! mais je n'en viens pas. Vous ne croiriez jamais ce qui m'arrive.

MATHILDE.

Vous n'y êtes donc pas allée?

MADAME DE LÉRY.

Si fait, j'y suis allée, mais je n'y suis pas entrée. C'est à mourir de rire. Figurez-vous une queue... une queue...

Elle éclate de rire.

Ces choses-là vous font-elles peur, à vous?

MATHILDE.

Mais oui; je n'aime pas les embarras de voitures.

MADAME DE LÉRY.

C'est désolant quand on est seule. J'avais beau crier au cocher d'avancer, il ne bougeait pas; j'étais d'une colère! j'avais envie de monter sur le siège; je vous réponds bien que j'aurais coupé leur queue. Mais c'est si bête d'être là, en toilette, vis-à-vis d'un carreau mouillé : car, avec cela, il pleut à verse. Je me suis divertie une demi-heure à voir patauger les passants, et puis j'ai dit de retourner. Voilà mon bal. — Ce feu me fait un plaisir! je me sens renaître!

Elle ôte sa fourrure. Mathilde sonne, et un domestique entre.

MATHILDE.

Le thé.

Le domestique sort.

MADAME DE LÉRY.

M. de Chavigny est donc parti?

MATHILDE.

Oui; je pense qu'il va à ce bal, et il sera plus obstiné que vous.

MADAME DE LÉRY.

Je crois qu'il ne m'aime guère, soit dit entre nous.

MATHILDE.

Vous vous trompez, je vous assure; il m'a dit cent fois qu'à ses yeux vous étiez une des plus jolies femmes de Paris.

MADAME DE LÉRY.

Vraiment? c'est très poli de sa part; mais je le mérite, car je le trouve fort bien. Voulez-vous me prêter une épingle?

MATHILDE.

Vous en avez à côté de vous.

MADAME DE LÉRY.

Cette Palmire vous fait des robes! on ne se sent pas des épaules; on croit toujours que tout va tomber. Est-ce elle qui vous fait ces manches-là?

MATHILDE.

Oui.

MADAME DE LÉRY.

Très jolies, très bien, très jolies. Décidément

il n'y a que les manches plates ; mais j'ai été longtemps à m'y faire ; et puis je trouve qu'il ne faut pas être trop grasse pour les porter, parce que sans cela on a l'air d'une cigale, avec un gros corps et de petites pattes.

MATHILDE.

J'aime assez la comparaison.

On apporte le thé.

MADAME DE LÉRY.

N'est-ce pas? Regardez Mlle Saint-Ange. Il ne faut pourtant pas être trop maigre non plus, parce qu'alors il ne reste plus rien. On se récrie sur la marquise d'Ermont ; moi, je trouve qu'elle a l'air d'une potence. C'est une belle tête, si vous voulez, mais c'est une madone au bout d'un bâton.

MATHILDE, riant.

Voulez-vous que je vous serve, ma chère ?

MADAME DE LÉRY.

Rien que de l'eau chaude, avec un soupçon de thé et un nuage de lait.

MATHILDE, versant le thé.

Allez-vous demain chez Mme d'Égly ? Je vous prendrai, si vous voulez.

MADAME DE LÉRY.

Ah ! Mme d'Égly ! en voilà une autre ! avec sa frisure et ses jambes, elle me fait l'effet de ces grands balais pour épousseter les araignées.

Elle boit.

Mais, certainement, j'irai demain. Non, je ne peux pas : je vais au concert.

MATHILDE.
Il est vrai qu'elle est un peu drôle.

MADAME DE LÉRY.
Regardez-moi donc, je vous en prie.

MATHILDE.
Pourquoi?

MADAME DE LÉRY.
Regardez-moi en face, là, franchement.

MATHILDE.
Que me trouvez-vous d'extraordinaire?

MADAME DE LÉRY.
Eh! certainement, vous avez les yeux rouges; vous venez de pleurer, c'est clair comme le jour. Qu'est-ce qui se passe donc, ma chère Mathilde?

MATHILDE.
Rien, je vous jure. Que voulez-vous qu'il se passe?

MADAME DE LÉRY.
Je n'en sais rien, mais vous venez de pleurer; je vous dérange, je m'en vais.

MATHILDE.
Au contraire, chère; je vous supplie de rester.

MADAME DE LÉRY.
Est-ce bien franc? Je reste, si vous voulez; mais vous me direz vos peines.

Mathilde secoue la tête.

Non? Alors je m'en vais, car vous comprenez que, du moment que je ne suis bonne à rien, je ne peux que nuire involontairement.

MATHILDE.

Restez ; votre présence m'est précieuse, votre esprit m'amuse, et, s'il était vrai que j'eusse quelque souci, votre gaieté le chasserait.

MADAME DE LÉRY.

Tenez, je vous aime. Vous me croyez peut-être légère : personne n'est si sérieux que moi pour les choses sérieuses. Je ne comprends pas qu'on joue avec le cœur, et c'est pour cela que j'ai l'air d'en manquer. Je sais ce que c'est que de souffrir, on me l'a appris bien jeune encore. Je sais aussi ce que c'est que de dire ses chagrins. Si ce qui vous afflige peut se confier, parlez hardiment, ce n'est pas la curiosité qui me pousse.

MATHILDE.

Je vous crois bonne, et surtout très sincère ; mais dispensez-moi de vous obéir.

MADAME DE LÉRY.

Ah! mon Dieu! j'y suis, c'est la bourse bleue. J'ai fait une sottise affreuse en nommant Mme de Blainville. J'y ai pensé en vous quittant; est-ce que M. de Chavigny lui fait la cour?

Mathilde se lève, ne pouvant répondre, se détourne et porte son mouchoir à ses yeux.

####### MADAME DE LÉRY.

Est-il possible ?

> Un long silence. Mathilde se promène quelque temps, puis va s'asseoir à l'autre bout de la chambre. Mme de Léry semble réfléchir. Elle se lève et s'approche de Mathilde ; celle-ci lui tend la main.

####### MADAME DE LÉRY.

Vous savez, ma chère, que les dentistes vous disent de crier quand ils vous font mal. Moi, je vous dis : Pleurez! pleurez! Douces ou amères, les larmes soulagent toujours.

####### MATHILDE.

Ah! mon Dieu!

####### MADAME DE LÉRY.

Mais c'est incroyable, une chose pareille! On ne peut pas aimer Mme de Blainville ; c'est une coquette à moitié perdue, qui n'a ni esprit ni beauté. Elle ne vaut pas votre petit doigt ; on ne quitte pas un ange pour un diable.

####### MATHILDE, sanglotant.

Je suis sûre qu'il l'aime, j'en suis sûre.

####### MADAME DE LÉRY.

Non, mon enfant, ça ne se peut pas ; c'est un caprice, une fantaisie. Je connais M. de Chavigny plus qu'il ne pense : il est méchant, mais il n'est pas mauvais. Il aura agi par boutade ; avez-vous pleuré devant lui ?

####### MATHILDE.

Oh! non, jamais!

MADAME DE LÉRY.

Vous avez bien fait; il ne m'étonnerait pas qu'il en fût bien aise.

MATHILDE.

Bien aise? bien aise de me voir pleurer?

MADAME DE LÉRY.

Eh! mon Dieu, oui. J'ai vingt-cinq ans d'hier, mais je sais ce qui en est sur bien des choses. Comment tout cela est-il venu?

MATHILDE.

Mais... je ne sais...

MADAME DE LÉRY.

Parlez. Avez-vous peur de moi? je vais vous rassurer tout de suite : si, pour vous mettre à votre aise, il faut m'engager de mon côté, je vais vous prouver que j'ai confiance en vous et vous forcer à l'avoir en moi. Est-ce nécessaire? je le ferai. Qu'est-ce qu'il vous plaît de savoir sur mon compte?

MATHILDE.

Vous êtes ma meilleure amie; je vous dirai tout, je me fie à vous. Il ne s'agit de rien de bien grave; mais j'ai une folle tête qui m'entraîne. J'avais fait à M. de Chavigny une petite bourse en cachette que je comptais lui offrir aujourd'hui; depuis quinze jours, je le vois à peine; il passe ses journées chez Mme de Blainville. Lui offrir ce petit cadeau, c'était lui faire un doux reproche de son absence et lui montrer qu'il me laissait seule. Au moment où j'allais lui donner ma bourse, il a tiré l'autre.

MADAME DE LÉRY.

Il n'y a pas là de quoi pleurer.

MATHILDE.

Oh! si, il y a de quoi pleurer, car j'ai fait une grande folie; je lui ai demandé l'autre bourse.

MADAME DE LÉRY.

Aïe! ce n'est pas diplomatique.

MATHILDE.

Non, Ernestine, et il m'a refusé... Et alors... Ah! j'ai honte...

MADAME DE LÉRY.

Eh bien?

MATHILDE.

Eh bien! je l'ai demandée à genoux. Je voulais qu'il me fît ce petit sacrifice, et je lui aurais donné ma bourse en échange de la sienne. Je l'ai prié... je l'ai supplié...

MADAME DE LÉRY.

Et il n'en a rien fait, cela va sans dire. Pauvre innocente! il n'est pas digne de vous.

MATHILDE.

Ah! malgré tout, je ne le croirai jamais!

MADAME DE LÉRY.

Vous avez raison, je m'exprime mal. Il est digne de vous et vous aime; mais il est homme, et orgueilleux. Quelle pitié! Et où est donc votre bourse?

MATHILDE.

La voilà ici, sur la table.

MADAME DE LÉRY, prenant la bourse.

Cette bourse-là? Eh bien! ma chère, elle est quatre fois plus jolie que la sienne. D'abord elle n'est pas bleue, ensuite elle est charmante. Prêtez-la-moi, je me charge bien de la lui faire trouver de son goût.

MATHILDE.

Tâchez. Vous me rendrez la vie.

MADAME DE LÉRY.

En être là après un an de mariage, c'est inouï. Il faut qu'il y ait de la sorcellerie là dedans. Cette Blainville, avec son indigo, je la déteste des pieds à la tête. Elle a les yeux battus jusqu'au menton. Mathilde, voulez-vous faire une chose? Il ne nous en coûte rien d'essayer. Votre mari viendra-t-il ce soir?

MATHILDE.

Je n'en sais rien, mais il me l'a dit.

MADAME DE LÉRY.

Comment étiez-vous quand il est sorti?

MATHILDE.

Ah! j'étais bien triste, et lui bien sévère.

MADAME DE LÉRY.

Il viendra. Avez-vous du courage? Quand j'ai une idée, je vous en avertis, il faut que je me saisisse au vol; je me connais, je réussirai.

MATHILDE.

Ordonnez donc, je me soumets.

MADAME DE LÉRY.

Passez dans ce cabinet, habillez-vous à la hâte et jetez-vous dans ma voiture. Je ne veux pas vous envoyer au bal, mais il faut qu'en rentrant vous ayez l'air d'y être allée. Vous vous ferez mener où vous voudrez : aux Invalides ou à la Bastille ; ce ne sera peut-être pas très divertissant, mais vous serez aussi bien là qu'ici pour ne pas dormir. Est-ce convenu? Maintenant prenez votre bourse, et enveloppez-la dans ce papier, je vais mettre l'adresse. Bien, voilà qui est fait. Au coin de la rue, vous ferez arrêter; vous direz à mon groom d'apporter ici ce petit paquet, de le remettre au premier domestique qu'il rencontrera, et de s'en aller sans autre explication.

MATHILDE.

Dites-moi du moins ce que vous voulez faire.

MADAME DE LÉRY.

Ce que je veux faire, enfant, est impossible à dire, et je vais voir si c'est possible à faire. Une fois pour toutes, vous fiez-vous à moi?

MATHILDE.

Oui, tout au monde pour l'amour de lui.

MADAME DE LÉRY.

Allons, preste! voilà une voiture.

MATHILDE.

C'est lui; j'entends sa voix dans la cour.

SCÈNE VI

MADAME DE LÉRY.

Sauvez-vous! Y a-t-il un escalier dérobé par là?

MATHILDE.

Oui, heureusement. Mais je ne suis pas coiffée, comment croira-t-on à ce bal?

MADAME DE LÉRY, ôtant la guirlande qu'elle a sur la tête et la donnant à Mathilde.

Tenez, vous arrangerez cela en route.

Mathilde sort.

SCÈNE VII

MADAME DE LÉRY, seule.

A genoux! une telle femme à genoux! et ce monsieur-là qui la refuse! Une femme de vingt ans, belle comme un ange et fidèle comme un lévrier! Pauvre enfant, qui demande en grâce qu'on daigne accepter une bourse faite par elle, en échange d'un cadeau de Mme de Blainville! Mais quel abîme est donc le cœur de l'homme! Ah! ma foi! nous valons mieux qu'eux.

Elle s'assoit et prend une brochure sur la table. Un instant après, on frappe à la porte.

Entrez.

SCÈNE VIII

MADAME DE LÉRY, CHAVIGNY

MADAME DE LÉRY, lisant d'un air distrait.

Bonsoir, Comte. Voulez-vous du thé?

CHAVIGNY.

Je vous rends grâces, je n'en prends jamais.
Il s'assoit et regarde autour de lui.

MADAME DE LÉRY.

Était-il amusant, ce bal?

CHAVIGNY.

Comment cela? N'y étiez-vous pas?

MADAME DE LÉRY.

Voilà une question qui n'est pas galante. Non, je n'y étais pas; mais j'y ai envoyé Mathilde, que vos regards semblent chercher.

CHAVIGNY.

Vous plaisantez, à ce que je vois?
Un silence. Chavigny, inquiet, se lève et se promène.

MADAME DE LÉRY.

Plaît-il? Je vous demande pardon, je tiens un article d'une Revue qui m'intéresse beaucoup.

CHAVIGNY.

Est-ce que vraiment Mathilde est à ce bal?

MADAME DE LÉRY.

Mais oui; vous voyez que je l'attends.

CHAVIGNY.

C'est singulier; elle ne voulait pas sortir lorsque vous le lui avez proposé.

MADAME DE LÉRY.

Apparemment qu'elle a changé d'idée.

CHAVIGNY.

Pourquoi n'y est-elle pas allée avec vous?

MADAME DE LÉRY.

Parce que je ne m'en suis plus souciée.

CHAVIGNY.

Elle s'est donc passée de voiture?

MADAME DE LÉRY.

Non, je lui ai prêté la mienne. Avez-vous lu ça, Monsieur de Chavigny?

CHAVIGNY.

Quoi?

MADAME DE LÉRY.

C'est la *Revue des Deux-Mondes;* un article très joli de Mme Sand sur les orangs-outangs.

CHAVIGNY.

Sur les...?

MADAME DE LÉRY.

Sur les orangs-outangs. Ah! je me trompe, ce n'est pas d'elle, c'est celui d'à côté; c'est très amusant.

CHAVIGNY.

Je ne comprends rien à cette idée d'aller au bal sans m'en prévenir. J'aurais pu du moins la ramener.

MADAME DE LÉRY.
Aimez-vous les romans de Mme Sand ?
CHAVIGNY.
Non, pas du tout. Mais, si elle y est, comment se fait-il que je ne l'aie pas trouvée ?
MADAME DE LÉRY.
Quoi ? la Revue ? Elle était là-dessus.
CHAVIGNY.
Vous moquez-vous de moi, Madame ?
MADAME DE LÉRY.
Peut-être ; c'est selon à propos de quoi.
CHAVIGNY.
C'est de ma femme que je vous parle.
MADAME DE LÉRY.
Est-ce que vous me l'avez donnée à garder ?
CHAVIGNY.
Vous avez raison ; je suis très ridicule ; je vais de ce pas la chercher.
MADAME DE LÉRY.
Bah ! vous allez tomber dans la queue.
CHAVIGNY.
C'est vrai ; je ferai aussi bien d'attendre, et j'attendrai.

Il s'approche du feu et s'assoit.

MADAME DE LÉRY, quittant sa lecture.
Savez-vous, Monsieur de Chavigny, que vous m'étonnez beaucoup ? Je croyais vous avoir entendu dire que vous laissiez Mathilde parfaitement libre, et qu'elle allait où bon lui semblait.

CHAVIGNY.
Certainement ; vous en voyez la preuve.
MADAME DE LÉRY.
Pas tant ; vous avez l'air furieux.
CHAVIGNY.
Moi ? par exemple ! pas le moins du monde.
MADAME DE LÉRY.
Vous ne tenez pas sur votre fauteuil. Je vous croyais un tout autre homme, je l'avoue ; et, pour parler sérieusement, je n'aurais pas prêté ma voiture à Mathilde si j'avais su ce qui en est.
CHAVIGNY.
Mais je vous assure que je le trouve tout simple, et je vous remercie de l'avoir fait.
MADAME DE LÉRY.
Non, non, vous ne me remerciez pas ; je vous assure, moi, que vous êtes fâché. A vous dire vrai, je crois que, si elle est sortie, c'était un peu pour vous rejoindre.
CHAVIGNY.
J'aime beaucoup cela ! Que ne m'accompagnait-elle ?
MADAME DE LÉRY.
Eh oui ! c'est ce que je lui ai dit. Mais voilà comme nous sommes, nous autres : nous ne voulons pas, et puis nous voulons. Décidément, vous ne prenez pas de thé ?
CHAVIGNY.
Non, il me fait mal.

MADAME DE LÉRY.
Eh bien! donnez-m'en.

CHAVIGNY.
Plaît-il, Madame?

MADAME DE LÉRY.
Donnez-m'en.

Chavigny se lève et remplit une tasse qu'il offre à Mme de Léry.

MADAME DE LÉRY.
C'est bon; mettez ça là. Avons-nous un ministère ce soir?

CHAVIGNY.
Je n'en sais rien.

MADAME DE LÉRY.
Ce sont de drôles d'auberges que ces ministères. On y entre et on en sort sans savoir pourquoi : c'est une procession de marionnettes.

CHAVIGNY.
Prenez donc ce thé, à votre tour; il est déjà à moitié froid.

MADAME DE LÉRY.
Vous n'y avez pas mis assez de sucre. Mettez-m'en un ou deux morceaux.

CHAVIGNY.
Comme vous voudrez; il ne vaudra rien.

MADAME DE LÉRY.
Bien; maintenant, encore un peu de lait.

CHAVIGNY.
Êtes-vous satisfaite?

MADAME DE LÉRY.

Une goutte d'eau chaude, à présent. Est-ce fait? Donnez-moi la tasse.

CHAVIGNY, lui présentant la tasse.

La voilà; mais il ne vaudra rien.

MADAME DE LÉRY.

Vous croyez? En êtes-vous sûr?

CHAVIGNY.

Il n'y a pas le moindre doute.

MADAME DE LÉRY.

Et pourquoi ne vaudra-t-il rien?

CHAVIGNY.

Parce qu'il est froid et trop sucré.

MADAME DE LÉRY.

Eh bien! s'il ne vaut rien, ce thé, jetez-le.

Chavigny est debout, tenant la tasse; Mme de Léry le regarde en riant.

MADAME DE LÉRY.

Ah! mon Dieu! que vous m'amusez! Je n'ai jamais rien vu de si maussade.

CHAVIGNY, impatienté, vide la tasse dans le feu, puis il se promène à grands pas, et dit avec humeur :

Ma foi, c'est vrai, je ne suis qu'un sot.

MADAME DE LÉRY.

Je ne vous avais jamais vu jaloux, mais vous l'êtes comme un Othello.

CHAVIGNY.

Pas le moins du monde; je ne veux pas souffrir qu'on se gêne, ni qu'on gêne les autres en rien. Comment voulez-vous que je sois jaloux?

MADAME DE LÉRY.

Par amour-propre, comme tous les maris.

CHAVIGNY.

Bah! propos de femme. On dit : « Jaloux par amour-propre », parce que c'est une phrase toute faite, comme on dit : « Votre très humble serviteur. » Le monde est bien sévère pour ces pauvres maris.

MADAME DE LÉRY.

Pas tant que pour ces pauvres femmes.

CHAVIGNY.

Oh! mon Dieu, si. Tout est relatif. Peut-on permettre aux femmes de vivre sur le même pied que nous? C'est une absurdité qui saute aux yeux. Il y a mille choses très graves pour elles qui n'ont aucune importance pour un homme.

MADAME DE LÉRY.

Oui, les caprices, par exemple.

CHAVIGNY.

Pourquoi pas? Eh bien! oui, les caprices. Il est certain qu'un homme peut en avoir, et qu'une femme...

MADAME DE LÉRY.

En a quelquefois. Est-ce que vous croyez qu'une robe est un talisman qui en préserve?

CHAVIGNY.

C'est une barrière qui doit les arrêter.

SCÈNE VIII

MADAME DE LÉRY.

A moins que ce ne soit un voile qui les couvre. J'entends marcher : c'est Mathilde qui rentre.

CHAVIGNY.

Oh! que non; il n'est pas minuit.

> Un domestique entre, et remet un petit paquet à M. de Chavigny.

CHAVIGNY.

Qu'est-ce que c'est? Que me veut-on?

LE DOMESTIQUE.

On vient d'apporter cela pour Monsieur le comte.

> Il sort. Chavigny défait le paquet, qui renferme la bourse de Mathilde.

MADAME DE LÉRY.

Est-ce encore un cadeau qui vous arrive? A cette heure-ci, c'est un peu fort.

CHAVIGNY.

Que diable est-ce que ça veut dire? Hé! François, hé! qui est-ce qui a apporté ce paquet?

LE DOMESTIQUE, rentrant.

Monsieur?

CHAVIGNY.

Qui est-ce qui a apporté ce paquet?

LE DOMESTIQUE.

Monsieur, c'est le portier qui vient de monter.

CHAVIGNY.

Il n'y a rien avec? pas de lettre?

LE DOMESTIQUE.

Non, Monsieur.

CHAVIGNY.

Est-ce qu'il avait ça depuis longtemps, ce portier?

LE DOMESTIQUE.

Non, Monsieur; on vient de le lui remettre.

CHAVIGNY.

Qui le lui a remis?

LE DOMESTIQUE.

Monsieur, il ne sait pas.

CHAVIGNY.

Il ne sait pas! Perdez-vous la tête? Est-ce un homme ou une femme?

LE DOMESTIQUE.

C'est un domestique en livrée, mais il ne le connaît pas.

CHAVIGNY.

Est-ce qu'il est en bas, ce domestique?

LE DOMESTIQUE.

Non, Monsieur : il est parti sur-le-champ.

CHAVIGNY.

Il n'a rien dit?

LE DOMESTIQUE.

Non, Monsieur.

CHAVIGNY.

C'est bon.

Le domestique sort.

MADAME DE LÉRY.

J'espère qu'on vous gâte, Monsieur de Chavigny. Si vous laissez tomber votre argent, ce ne sera pas la faute de ces dames.

CHAVIGNY.

Je veux être pendu si j'y comprends rien.

MADAME DE LÉRY.

Laissez donc! vous faites l'enfant.

CHAVIGNY.

Non; je vous donne ma parole d'honneur que je ne devine pas. Ce ne peut être qu'une méprise.

MADAME DE LÉRY.

Est-ce que l'adresse n'est pas dessus?

CHAVIGNY.

Ma foi! si, vous avez raison. C'est singulier, je connais l'écriture.

MADAME DE LÉRY.

Peut-on voir?

CHAVIGNY.

C'est peut-être une indiscrétion à moi de vous la montrer; mais tant pis pour qui s'y expose. Tenez. J'ai certainement vu cette écriture-là quelque part.

MADAME DE LÉRY.

Et moi aussi très certainement.

CHAVIGNY.

Attendez donc... Non, je me trompe. Est-ce en bâtarde ou en coulée?

MADAME DE LÉRY.

Fi donc! c'est une anglaise pur sang. Regardez-moi comme ces lettres-là sont fines! Oh! la dame est bien élevée.

CHAVIGNY.

Vous avez l'air de la reconnaître.

MADAME DE LÉRY, avec une confusion feinte.

Moi! pas du tout.

Chavigny, étonné, la regarde, puis continue à se promener.

MADAME DE LÉRY.

Où en étions-nous donc de notre conversation? — Eh! mais il me semble que nous parlions caprice. Ce petit poulet rouge arrive à propos.

CHAVIGNY.

Vous êtes dans le secret, convenez-en.

MADAME DE LÉRY.

Il y a des gens qui ne savent rien faire; si j'étais de vous, j'aurais déjà deviné.

CHAVIGNY.

Voyons! soyez franche; dites-moi qui c'est.

MADAME DE LÉRY.

Je croirais assez que c'est Mme de Blainville.

CHAVIGNY.

Vous êtes impitoyable, Madame; savez-vous bien que nous nous brouillerons!

MADAME DE LÉRY.

Je l'espère bien, mais pas cette fois-ci.

CHAVIGNY.

Vous ne voulez pas m'aider à trouver l'énigme?

MADAME DE LÉRY.

Belle occupation! Laissez donc cela; on dirait que vous n'y êtes pas fait. Vous ruminerez lorsque vous serez couché, quand ce ne serait que par politesse.

CHAVIGNY.

Il n'y a donc plus de thé? J'ai envie d'en prendre.

MADAME DE LÉRY.

Je vais vous en faire; dites donc que je ne suis pas bonne.

Un silence.

CHAVIGNY, se promenant toujours.

Plus je cherche, moins je trouve.

MADAME DE LÉRY.

Ah çà! dites donc, est-ce un parti pris de ne penser qu'à cette bourse? Je vais vous laisser à vos rêveries.

CHAVIGNY.

C'est qu'en vérité je tombe des nues.

MADAME DE LÉRY.

Je vous dis que c'est Mme de Blainville. Elle a réfléchi sur la couleur de sa bourse, et elle vous en envoie une autre par repentir. Ou mieux encore : elle veut vous tenter, et voir si vous porterez celle-ci ou la sienne.

CHAVIGNY.

Je porterai celle-ci sans aucun doute. C'est le seul moyen de savoir qui l'a faite.

MADAME DE LÉRY.

Je ne comprends pas; c'est trop profond pour moi.

CHAVIGNY.

Je suppose que la personne qui me l'a envoyée me la voie demain entre les mains; croyez-vous que je m'y tromperais?

MADAME DE LÉRY, éclatant de rire.

Ah! c'est trop fort; je n'y tiens pas.

CHAVIGNY.

Est-ce que ce serait vous, par hasard?

Un silence.

MADAME DE LÉRY.

Voilà votre thé, fait de ma blanche main, et il sera meilleur que celui que vous m'avez fabriqué tout à l'heure. Mais finissez donc de me regarder. Est-ce que vous me prenez pour une lettre anonyme?

CHAVIGNY.

C'est vous, c'est quelque plaisanterie. Il y a un complot là-dessous.

MADAME DE LÉRY.

C'est un petit complot assez bien tricoté.

CHAVIGNY.

Avouez donc que vous en êtes.

MADAME DE LÉRY.

Non.

CHAVIGNY.

Je vous en prie.

MADAME DE LÉRY.
Pas davantage.

CHAVIGNY.
Je vous en supplie.

MADAME DE LÉRY.
Demandez-le à genoux, je vous le dirai.

CHAVIGNY.
A genoux? Tant que vous voudrez.

MADAME DE LÉRY.
Allons! voyons!

CHAVIGNY.
Sérieusement?

Il se met à genoux en riant devant Mme de Léry.

MADAME DE LÉRY, sèchement.
J'aime cette posture, elle vous va à merveille; mais je vous conseille de vous relever, afin de ne pas trop m'attendrir.

CHAVIGNY, se relevant.
Ainsi, vous ne direz rien, n'est-ce pas?

MADAME DE LÉRY.
Avez-vous là votre bourse bleue?

CHAVIGNY.
Je n'en sais rien, je crois que oui.

MADAME DE LÉRY.
Je crois que oui aussi. Donnez-la-moi, je vous dirai qui a fait l'autre.

CHAVIGNY.
Vous le savez donc?

MADAME DE LÉRY.

Oui, je le sais.

CHAVIGNY.

Est-ce une femme ?

MADAME DE LÉRY.

A moins que ce ne soit un homme, je ne vois pas...

CHAVIGNY.

Je veux dire : est-ce une jolie femme ?

MADAME DE LÉRY.

C'est une femme qui, à vos yeux, passe pour une des plus jolies femmes de Paris.

CHAVIGNY.

Brune ou blonde ?

MADAME DE LÉRY.

Bleue.

CHAVIGNY.

Par quelle lettre commence son nom ?

MADAME DE LÉRY.

Vous ne voulez pas de mon marché ? Donnez-moi la bourse de Mme de Blainville.

CHAVIGNY.

Est-elle petite ou grande ?

MADAME DE LÉRY.

Donnez-moi la bourse.

CHAVIGNY.

Dites-moi seulement si elle a le pied petit.

MADAME DE LÉRY.

La bourse ou la vie !

CHAVIGNY.

Me direz-vous le nom si je vous donne la bourse?

MADAME DE LÉRY.

Oui.

CHAVIGNY, tirant la bourse bleue.

Votre parole d'honneur?

MADAME DE LÉRY.

Ma parole d'honneur.

CHAVIGNY semble hésiter; Mme de Léry tend la main, il la regarde attentivement. Tout à coup il s'assoit à côté d'elle, et dit gaiement :

Parlons caprice. Vous convenez donc qu'une femme peut en avoir?

MADAME DE LÉRY.

Est-ce que vous en êtes à le demander?

CHAVIGNY.

Pas tout à fait; mais il peut arriver qu'un homme marié ait deux façons de parler, et, jusqu'à un certain point, deux façons d'agir.

MADAME DE LÉRY.

Eh bien! et ce marché, est-ce qu'il s'envole? je croyais qu'il était conclu.

CHAVIGNY.

Un homme marié n'en reste pas moins un homme; la bénédiction ne le métamorphose pas, mais elle l'oblige quelquefois à prendre un rôle et à en donner les répliques. Il ne s'agit que de savoir, dans ce monde, à qui les gens s'adressent quand ils vous parlent, si c'est au réel ou au convenu, à la personne ou au personnage.

MADAME DE LÉRY.

J'entends, c'est un choix qu'on peut faire; mais où s'y reconnaît le public?

CHAVIGNY.

Je ne crois pas que, pour un public d'esprit, ce soit long ni bien difficile.

MADAME DE LÉRY.

Vous renoncez donc à ce fameux nom? Allons! voyons! donnez-moi cette bourse.

CHAVIGNY.

Une femme d'esprit, par exemple (une femme d'esprit sait tant de choses!), ne doit pas se tromper, à ce que je crois, sur le vrai caractère des gens : elle doit bien voir au premier coup d'œil.

MADAME DE LÉRY.

Décidément vous gardez la bourse?

CHAVIGNY.

Il me semble que vous y tenez beaucoup. Une femme d'esprit, n'est-il pas vrai, Madame? doit savoir faire la part du mari, et celle de l'homme par conséquent. Comment êtes-vous donc coiffée? Vous étiez tout en fleurs ce matin.

MADAME DE LÉRY.

Oui; ça me gênait, je me suis mise à mon

aise. Ah! mon Dieu! mes cheveux sont défaits d'un côté.

<small>Elle se lève et s'ajuste devant la glace.</small>

CHAVIGNY.

Vous avez la plus jolie taille qu'on puisse voir. Une femme d'esprit comme vous...

MADAME DE LÉRY.

Une femme d'esprit comme moi se donne au diable quand elle a affaire à un homme d'esprit comme vous.

CHAVIGNY.

Qu'à cela ne tienne; je suis assez bon diable.

MADAME DE LÉRY.

Pas pour moi, du moins, à ce que je pense.

CHAVIGNY.

C'est qu'apparemment quelque autre me fait tort.

MADAME DE LÉRY.

Qu'est-ce que ce propos-là veut dire?

CHAVIGNY.

Il veut dire que, si je vous déplais, c'est que quelqu'un m'empêche de vous plaire.

MADAME DE LÉRY.

C'est modeste et poli; mais vous vous trompez: personne ne me plaît, et je ne veux plaire à personne.

CHAVIGNY.

Avec votre âge et ces yeux-là, je vous en défie.

MADAME DE LÉRY.
C'est cependant la vérité pure.
CHAVIGNY.
Si je le croyais, vous me donneriez bien mauvaise opinion des hommes.
MADAME DE LÉRY.
Je vous le ferai croire bien aisément. J'ai une vanité qui ne veut pas de maître.
CHAVIGNY.
Ne peut-elle souffrir un serviteur?
MADAME DE LÉRY.
Bah! serviteurs ou maîtres, vous n'êtes que des tyrans.
CHAVIGNY, se levant.
C'est assez vrai, et je vous avoue que là-dessus j'ai toujours détesté la conduite des hommes. Je ne sais d'où leur vient cette manie de s'imposer, qui ne sert qu'à se faire haïr.
MADAME DE LÉRY.
Est-ce votre opinion sincère?
CHAVIGNY.
Très sincère; je ne conçois pas comment on peut se figurer que, parce qu'on a plu ce soir, on est en droit d'en abuser demain.
MADAME DE LÉRY.
C'est pourtant le chapitre premier de l'histoire universelle.
CHAVIGNY.
Oui, et, si les hommes avaient le sens commun

là-dessus, les femmes ne seraient pas si prudentes.

MADAME DE LÉRY.

C'est possible; les liaisons d'aujourd'hui sont des mariages, et, quand il s'agit d'un jour de noce, cela vaut la peine d'y penser.

CHAVIGNY.

Vous avez mille fois raison; et, dites-moi, pourquoi en est-il ainsi? pourquoi tant de comédie et si peu de franchise? Une jolie femme qui se fie à un galant homme ne saurait-elle le distinguer? Il n'y a pas que des sots sur la terre.

MADAME DE LÉRY.

C'est une question en pareille circonstance.

CHAVIGNY.

Mais je suppose que, par hasard, il se trouve un homme qui, sur ce point, ne soit pas de l'avis des sots; et je suppose qu'une occasion se présente où l'on puisse être franc sans danger, sans arrière-pensée, sans crainte des indiscrétions.

Il lui prend la main.

Je suppose qu'on dise à une femme : Nous sommes seuls, vous êtes jeune et belle, et je fais de votre esprit et de votre cœur tout le cas qu'on en doit faire. Mille obstacles nous séparent, mille chagrins nous attendent si nous essayons de nous revoir demain. Votre fierté ne veut pas d'un joug, et votre prudence ne veut pas d'un lien:

vous n'avez à redouter ni l'un ni l'autre. On ne vous demande ni protestation, ni engagement, ni sacrifice, rien qu'un sourire de ces lèvres de rose et un regard de ces beaux yeux. Souriez pendant que cette porte est fermée : votre liberté est sur le seuil ; vous la retrouverez en quittant cette chambre ; ce qui s'offre à vous n'est pas le plaisir sans amour, c'est l'amour sans peine et sans amertume ; c'est le caprice, puisque nous en parlons, non l'aveugle caprice des sens, mais celui du cœur, qu'un moment fait naître et dont le souvenir est éternel.

MADAME DE LÉRY.

Vous me parliez de comédie ; mais il paraît qu'à l'occasion vous en joueriez d'assez dangereuses. J'ai quelque envie d'avoir un caprice, avant de répondre à ce discours-là. Il me semble que c'en est l'instant, puisque vous en plaidez la thèse. Avez-vous là un jeu de cartes ?

CHAVIGNY.

Oui, dans cette table ; qu'en voulez-vous faire ?

MADAME DE LÉRY.

Donnez-le-moi ; j'ai ma fantaisie, et vous êtes forcé d'obéir si vous ne voulez vous contredire.

Elle prend une carte dans le jeu.

Allons, Comte, dites rouge ou noir.

CHAVIGNY.

Voulez-vous me dire quel est l'enjeu ?

MADAME DE LÉRY.

L'enjeu est une discrétion [1].

CHAVIGNY.

Soit. — J'appelle rouge.

MADAME DE LÉRY.

C'est le valet de pique; vous avez perdu. Donnez-moi cette bourse bleue.

CHAVIGNY.

De tout mon cœur; mais je garde la rouge, et, quoique sa couleur m'ait fait perdre, je ne le lui reprocherai jamais, car je sais aussi bien que vous quelle est la main qui me l'a faite.

MADAME DE LÉRY.

Est-elle petite ou grande, cette main?

CHAVIGNY.

Elle est charmante et douce comme le satin.

MADAME DE LÉRY.

Lui permettez-vous de satisfaire un petit mouvement de jalousie?

Elle jette au feu la bourse bleue.

CHAVIGNY.

Ernestine, je vous adore!

MADAME DE LÉRY *regarde brûler la bourse. Elle s'approche de Chavigny, et lui dit tendrement*:

Vous n'aimez donc plus Mme de Blainville?

---

[1]. On appelle *discrétion* un pari dans lequel le perdant s'oblige à donner au gagnant ce que celui-ci lui demande, à sa discrétion. (*Note de l'auteur.*)

CHAVIGNY.

Ah! grand Dieu! je ne l'ai jamais aimée.

MADAME DE LÉRY.

Ni moi non plus, Monsieur de Chavigny.

CHAVIGNY.

Mais qui a pu vous dire que je pensais à cette femme-là? Ah! ce n'est pas elle à qui je demanderai jamais un instant de bonheur; ce n'est pas elle qui me le donnera!

MADAME DE LÉRY.

Ni moi non plus, Monsieur de Chavigny. Vous venez de me faire un petit sacrifice, c'est très galant de votre part; mais je ne veux pas vous tromper : la bourse rouge n'est pas de ma façon.

CHAVIGNY.

Est-il possible? Qui est-ce donc qui l'a faite?

MADAME DE LÉRY.

C'est une main plus belle que la mienne. Faites-moi la grâce de réfléchir une minute et de m'expliquer cette énigme à mon tour. Vous m'avez fait, en bon français, une déclaration très aimable; vous vous êtes mis à deux genoux par terre, et remarquez qu'il n'y a pas de tapis; je vous ai demandé votre bourse bleue, et vous me l'avez laissé brûler. Qui suis-je donc, dites-moi, pour mériter tout cela? Que me trouvez-vous donc de si extraordinaire? Je ne suis pas mal, c'est vrai; je suis jeune; il est certain que j'ai le pied petit. Mais enfin, ce n'est pas si rare. Quand nous nous serons prouvé l'un à l'autre que je suis une coquette et vous un libertin, uniquement parce qu'il est minuit et que nous sommes en tête-à-tête, voilà un beau fait d'armes que nous aurons à écrire dans nos mémoires ! C'est pourtant là tout, n'est-ce pas ? Et ce que vous m'accordez en riant, ce qui ne vous coûte pas même un regret, ce sacrifice insignifiant que vous faites à un caprice plus insignifiant encore, vous le refusez à la seule femme qui vous aime, à la seule femme que vous aimiez !

On entend le bruit d'une voiture.

CHAVIGNY.

Mais, Madame, qui a pu vous instruire ?

MADAME DE LÉRY.

Parlez plus bas, Monsieur, la voilà qui rentre, et cette voiture vient me chercher. Je n'ai pas le temps de vous faire ma morale ; vous êtes homme de cœur, et votre cœur vous la fera. Si vous trouvez que Mathilde a les yeux rouges, essuyez-les avec cette petite bourse que ses larmes reconnaîtront, car c'est votre bonne, brave et fidèle femme qui a passé quinze jours à la faire. Adieu ; vous m'en voudrez aujourd'hui, mais vous aurez demain quelque amitié pour moi, et, croyez-moi, cela vaut mieux qu'un caprice. Mais, s'il vous en faut un absolument, tenez, voilà Mathilde, vous en avez un beau à vous passer ce soir. Il vous en fera, j'espère, oublier un autre que personne au monde, pas même elle, ne saura jamais.

> Mathilde entre, Mme de Léry va à sa rencontre et l'embrasse ; M. de Chavigny les regarde, il s'approche d'elles, prend sur la tête de sa femme la guirlande de fleurs de Mme de Léry, et dit à celle-ci en la lui rendant :

Je vous demande pardon, Madame, elle le saura, et je n'oublierai jamais qu'un jeune curé fait les meilleurs sermons.

TABLE
DU TOME TROISIÈME

Barberine.	1
Le Chandelier	93
Il ne faut jurer de rien	187
Un Caprice	275

Imprimé par D. Jouaust

POUR LA

BIBLIOTHÈQUE ARTISTIQUE MODERNE

ORNEMENTS PAR GIACOMELLI

M DCCC XC

www.ingramcontent.com/pod-product-compliance
Lightning Source LLC
Chambersburg PA
CBHW060507170426
43199CB00011B/1355